军迷·武器爱好者丛书

军服军衔军功章

吉木斯 / 编著

辽宁美术出版社

前 言
Foreword

军服，顾名思义，是军人的服饰。由于军人带有独特的职业风格，军服也由此增添了几分神秘色彩。军装采用的是一种制式服装，包括军上衣、军裤、衬衣、军帽（或头盔）、军大衣、军靴（鞋）等品种；按场合的不同，又可分常服、礼服、作训服和工作服；按军种分，有陆军服、海军服、空军服以及太空服等。

这种制式服装一般都会根据国家和军队的法规条文，有着统一的样式、颜色、材质和着装规定。而透过一个国家、一个时期军服的质地、颜色和款式，不仅可以品出时代的审美，同时可以读出政治、军事、经济、科技等方面的内容。因此，把每一款军装都看成一个时代的缩影，一点也不为过。现代军服的颜色种类繁多，据统计，当今世界军服的颜色多达800 余种，但多数国家的军服颜色都是绿色。

而由于军阶高低有所不同，反映在军服上的区别，就是军衔。即用缀在肩章或领章等处的等级符号，标明军人军事级别。它是根据国家武装力量中现役军人和预备役军人的职务、军事素养、所属军兵种或勤务部门及其功绩而授予个人的衔称，又称军阶等。

军衔可分军官军衔与士兵军衔两大类。而且军衔等级设置的数量，每个国家各不相同，最多的设二十多级，最少的只设十几级。军衔等级设置多少，总体上受本国军队的规模和编制体制的制约。

兵可以分为列兵（二等兵）、上等兵（一等兵）等几级。士官一般由拥有专业技术者担任或从资深士兵中选出，各国把士官分为上士、中士、下士、军士长（或称士官长）等。

尉官则是初级军官军衔的统称，后随军衔制的建立和发展，逐渐转为区分初级军官军衔等级的称号。世界上实行军衔制的国家都设有尉官军衔。多数国家分为上尉、中尉、少尉，有的国家还有准尉和大尉。校官是中级军官军衔的统称，世界各地的军衔等级中均设有校官军衔，多数国家分上校、中校、少校，有的国家还有大校。再往上的军衔就是将官，又称为将军，是高级军官军衔的统称，始于16世纪的法国军队。后来，将官军衔逐渐被大多数国家采用，一般分为上将、中将、少将、准将。而一般来说，一个国家的最高军衔就是元帅。

各国军官军衔同军队职务之间有一定的对称关系，通常是少尉对应排长，中尉对应副连长，上尉对应连长，少校对应营长，中校对应副团长，上校对应团长，准将对应旅长，少将对应师长，中将对应军长，上将对应方面军司令官。

这些代表军队、军人那种神圣的军衔，无论是从影视屏幕上还是现实生活中，都成了人们眼前一道美丽的风景线。而除了军衔是军人的终身荣誉，非经法律判决不得剥夺外，军功章也是如此。军功章是一个国家对军功、其他功劳以及资质的荣誉奖赏，是军人荣誉的象征与标志。它主要包括勋章、奖章以及军事类的证章等徽章。

为了使广大军事迷能够更好地了解世界各国的军服、军衔以及军功章，我们特别编著了这本"军迷·武器爱好者丛书"《军服军衔军功章》，选择了具有代表性的100种，配以精美的图片，使您读后能更深刻地感受到军人的荣誉。

目 录
Contents

军服军衔军功章的历史 / 8

法国亚德里安头盔（法国）/ 16

一战法军胸甲骑兵制服（法国）/ 18

一战法军龙骑兵制服（法国）/ 20

一战法军军官制服（法国）/ 22

法国海军军服（法国）/ 24

法国空军军服（法国）/ 26

法国外籍军团军服（法国）/ 28

法国"未来单兵系统"（法国）/ 30

西班牙国民卫队军服（西班牙）/ 32

英国布罗迪头盔（英国）/ 34

英国派克大衣（英国）/ 36

英国红衫军军服（英国）/ 38

英国皇家近卫团礼服（英国）/ 40

18 世纪中后期英国皇家海军军装（英国）/ 42

英国海军"海魂衫"（英国）/ 44

英国海军常服（英国）/ 46

一战前美国陆军军服（美国）/ 48

一战时美国军队制服（美国）/ 50

美国海军陆战队常服（美国）/ 52

美军凯夫拉防弹衣（美国）/ 54

美军 M1941 野战夹克（美国）/ 56

美军 HBT 军服（美国）/ 58

美军 M1 头盔（美国）/ 60

美军 M1942 迷彩服（美国）/ 62

美军 M1943 作战夹克（美国）/ 64

美国男式陆军绿色常服（美国）/ 66

美国空军 MA-1 飞行夹克（美国）/ 68

美国男式陆军蓝色军装（美国）/ 70

美国陆军军官晚宴服、晚礼服（美国）/ 72

美国海军常服（美国）/ 74

美国空军军服（美国）/ 76

美军沙漠军鞋（美国）/ 78

美国空军 ABU 系列作战服（美国）/ 80

美军"龙鳞甲"防弹衣（美国）/ 82

美军 ACU 数字迷彩通用战斗服（美国）/ 84

美国军用防化服（美国）/ 86

俄罗斯帝国军服（俄罗斯）/ 88

苏联红军二战军服（苏联）/ 90

苏联胜利礼服（苏联）/ 92

苏联大元帅礼服（苏联）/ 94

苏联 M69 式军服（苏联）/ 96

俄军新式军服（俄罗斯）/ 98

俄罗斯海军礼服（俄罗斯）/ 100

普鲁士军服（普鲁士）/ 102

德军一战时期军服（德国）/ 104

德军二战标准 36 型军服（德国）/ 106

德军的迷彩军服（德国）/ 108

日本陆上自卫队新军服（日本）/ 110

比利时勃朗宁 P 式防弹背心（比利时）/ 112

梵蒂冈罗马教廷教皇卫队军服（梵蒂冈）/ 114

意大利宪兵军服（意大利）/ 116

排爆服 / 118

抗荷服 / 120

飞行头盔 / 122

FAST 战术头盔 / 124

战术手套 / 126

战术背心 / 128

战术护目镜 / 130

机械外骨骼 / 132

美国将军军衔（美国）/ 134

美国校官军衔（美国）/ 136

美国尉官军衔（美国）/ 138

美国准尉军衔（美国）/ 140

美军士官军衔（美国）/ 142

美军士兵军衔（美国）/ 144

美国海军陆战队士兵军衔（美国）/ 146

苏联元帅军衔（苏联）/ 148

苏联近卫军军衔（苏联）/ 150

苏联 / 俄罗斯大将军衔（苏联 / 俄罗斯）/ 152

苏联 / 俄罗斯将官军衔（苏联 / 俄罗斯）/ 154

苏联 / 俄罗斯校官军衔（苏联 / 俄罗斯）/ 156

苏联 / 俄罗斯尉官军衔（苏联 / 俄罗斯）/ 158

苏联 / 俄罗斯士官军衔（苏联 / 俄罗斯）/ 160

苏联 / 俄罗斯士兵军衔（苏联 / 俄罗斯）/ 162

苏联政工军衔（苏联）/ 164

苏联 / 俄罗斯内务部队军衔（苏联 / 俄罗斯）/ 166

德国的元首军衔（德国）/ 168

德军党卫队军衔（德国）/ 170

印度官兵军衔（印度）/ 172

美军紫心勋章（美国）/ 174

美军银星勋章（美国）/ 176

美军荣誉勋章（美国）/ 178

美国国防部杰出服役勋章（美国）/ 180

美国国防部优异服役勋章（美国）/ 182

美军功绩勋章（美国）/ 184

苏联胜利勋章（苏联）/ 186

苏联 / 俄罗斯红旗勋章（苏联 / 俄罗斯）/ 188

苏联战胜德国奖章（苏联）/ 190

苏联战胜日本奖章（苏联）/ 192

苏联列宁勋章（苏联）/ 194

苏联金星奖章（苏联）/ 196

苏联苏沃洛夫勋章（苏联）/ 198

苏联保卫奖章（苏联）/ 200

德军铁十字勋章（德国）/ 202

德军战伤勋章（德国）/ 204

德军东线作战勋章（德国）/ 206

德军突击勋章（德国）/ 208

英国陆军金质勋章（英国）/ 210

英国不列颠帝国勋章（英国）/ 212

法国荣誉军团勋章（法国）/ 214

军服军衔军功章的历史

军服的历史

军服到底是哪个年代产生的,目前各国还没有统一的认识。据《军事百科全书》记载:在远古的年代,有些国家就出现了军服的雏形;在欧洲一些国家里,军服最初是为了识别敌我,所以颜色上有所区别,制式不统一。

"岂曰无衣?与子同袍。王于兴师,修我戈矛……"这段文字出自中国古籍《诗经》,可见中国军服的发展有着悠久的历史。再如早在战国时期,赵武灵王推行"胡服骑射",用短衣袍窄袖代替宽松肥大的中原服装。还有"将帅用袍,军士用袄"的唐宋军服;之后数千年的军服历史演变中,军服中占最重要地位的是甲胄,但不同方面的军队,都有着不同的统一服装。而封建王朝最后的军服规定,比如1907年和1909年时,分别制定了陆军和禁卫军的军服式样。

外国军服不像中国军服发展历史那么久远,但与中国军服类似的甲胄也有着悠久的历史。尤其是在地中海周围地区和欧洲很多国家,甲胄研制与装备当属同时期世界前列,今天还发现有5000年前的铠甲,且相当精美。在冷兵器时代,古罗马军队的军人主要是身着白色衣服,头盔上带有不同颜色的羽毛,以识别各军团。在14世纪,随着奥斯曼土耳其帝国崛起以及不断进攻欧洲各国,土耳其皇帝身边那些头戴圆筒高帽、身穿"肋骨式"军服的卫队形象,给了欧洲各国皇室以极大的震撼。后来竟被横扫整个欧洲大陆的拿破仑军队全面效仿。

1670—1672年,法军推行制式服装。同时,在17世纪,克罗地亚骑兵为了显示威武而在领口上系上一绺细布条。随着

▲ 罗马铠甲

▲ 苏丹卫兵

▲ 1670 年至 1865 年欧洲军队使用的制服

▲ 拿破仑战争时期的俄罗斯军队

▲ 英国红衫军

时代发展，这逐步演变成为现代的领带（也有由餐巾逐步演化成领带的说法）。18 世纪至 19 世纪，欧洲军服式样、颜色不断变化，其中有过单纯注重式样，而实际使用很不方便的情况。比如不少国家的军队戴熊皮圆筒帽、扎白十字带，穿高腰长筒靴等。尤其 19 世纪 70 年代的普法战争时期，普鲁士和法国军人都装备着当时社会上颇为流行的燕尾服式军服，除了考虑到"前短后长"，便于骑兵上马突击等因素外，显然与当时社会服装的款式有很大关系。

19 世纪末，英国发动了对南非的侵略战争，当时，南非有一个叫"布尔"的倔强民族，他们不甘心自己的国土受到外来侵略者的蹂躏，于是组织起来进行武装反抗。布尔族参战的兵力少，英军人多，双方兵力对比约为 1：5。布尔人在战争初期失利，英军自恃人多势壮，骄横冒进。布尔人通过一段时间的观察，发现英军有一个很大的特点，都穿红色军装，在南非的森林里和热带草原的绿色背景中，格外显眼，因而行动极易暴露，布尔人从这里得到启发，立即把自己的服装和枪炮涂成草绿色，以便利用密草和丛林的绿色背景作掩护。

这样一来，布尔人很容易发现英军，英军不容易发现布尔人。布尔人常常神不知鬼不觉地接近英军，突然发起攻击，打得英军措手不及，而英军想打却找不到目标，这场战争，英军死伤 9 万多人，以惨败告终。

9

"前车覆，后车诚"。英国人在南非受到的教训，很快被许多国家的军队吸取。为了在野战条件下较好地隐蔽军队的行动，不断改进军装的颜色，尽量使之与自然背景的颜色接近。于是世界各国军队虽然服装形式差别很大，但在颜色上却逐渐在绿色基调上统一起来。

　　当然，一切事物都不是绝对的，从隐蔽伪装的角度来看，军服的颜色不能局限于绿色，在许多情况下，自然背景并非绿色，这就要求根据当时当地的背景条件，灵活合理地选择服装颜色。比如1905年，日军把战时穿的黑色军服改为土黄色。同理，各国军服还有褐色、青灰色等，这些颜色也都是采用土地、沙漠、山岩等背景的近似色。而在雪地上用白色，海上则是用蓝白色。

　　有的国家把军服分为平时穿的和战时穿的两种。如1898年，美国陆军的军服就分为礼服和野战服两种。一战时期，多数交战国的军队穿着具有保护色的野战服。二战末期，德军首先使用了三色迷彩服；之后美军装备了四色迷彩服。到了20世纪80年代，世界上通用五色迷彩服，平时则穿常服或礼服。

　　随着科学技术的进步和经济的发展，军服的作用日益向着功能综合和特殊防护方向发展。如作训服由单色改为伪装迷彩色，并将成为具有防火、防雨、防寒、防热、防侦视和透气性好、穿着舒适的多功能野战服。

　　根据现代战争的要求，各国注重研究特种工作服。军服用料，多采用化纤混纺或纯化纤织物及絮料，以减轻服装重量。军服的结构，采用多层次配套，使之具有良好的防寒保暖性能和调节性能。对常服和礼服主要是改进外观，提升舒适性，注重经济性和服装号型。

军衔的历史

　　军衔制度并非产生于中国，而是一个地地道道的舶来品。据考证，军衔制度产生于15世纪的欧洲。15世纪以前的世界各国军队中，只有官衔，没有军衔。军衔与官衔的根本区别是把士兵纳入军队的等级体系，这是一种革命性的进步。

　　最初用军衔代替官衔的变革，发生在15—16世纪的意大利和法国等一些西欧国家。其原因是在这些国家中出现了资本主义萌芽，工商阶级为了发展贸易与国王合作。具体表现为工商阶级出资支持君主制，国王通过税收所得雇佣国外的军人，这样一来雇佣军就成了国家的主要军事力量。

▲ 德军的迷彩军服

▲ 美军ACU数字迷彩通用战斗服

▲ 美国军用防化服

雇佣军以步兵为主体，其成分大都是自由农民、市民、破产骑士、有产市民的子弟以及出身于其他阶层的普通人。雇佣军的组织以连为基本单位，几个连组成一个团。连的指挥官称作上尉，副手称中尉；团由称作上校的军官指挥，助手称为军士长，后来改称少校。随着资本主义的发展，等价交换、平等权利等资本主义的社会原则反映到了军事领域，刺激军队改变其官职的选拔制度，以出身门第世袭军职的旧传统破产了，建立起按劳绩战功获得军官职位的新制度。

　　但是被选拔上来的非贵族指挥官，由于没有爵位可以标志个人的身份，自己的荣誉、地位和待遇得不到社会的保障。于是，这些军官们强烈要求设立一种与其军职相对应的阶位称号，来保障自己的社会地位。而这种要求也符合新兴资产阶级使用这些阶层的力量来共同反对封建领主的政治利益。这样，终于导致了雇佣军中原先的某些职务名称，逐步转变成为个人的阶位称号，职务则用"连长""团长"来命名。从而形成了军队职务与军衔等级相对应的两大体系，出现了包括军官、士兵在内的军队衔级制度。

　　到了17—18世纪，军衔制度已经被世界大多数国家的军队采用。而战争规模的扩大，指挥机构中总参谋部的出现，军、师、旅、团、

▲ 俄罗斯帝国军队

11

营等建制的形成，使得与其规模相对应的元帅、将、校、尉等军衔等级应运而生。军衔制打破了按出身门第封官晋爵的世袭旧军制，而以战功评价报酬和地位，因此广泛吸引了各阶层的人士，成功地替代了原有的军制。这种制度使平民子弟也能够通过军功来打开向上进阶的"通道"，同时也促进了各国军事力量的发展。

这正如法国启蒙运动时期著名思想家伏尔泰所明确指出的：在法国国王路易十四同西班牙的战争中，正是由于法军建立了一套完善的军衔制度，这才导致"军人的衔级开始成为一种权利，大大优于家庭出身，受人重视的是劳绩战功，而不是祖宗门第"。这也是当时法军所向披靡的主要原因之一，因此当时的欧洲各国都流传着"路易十四一在边境出现，边境城市便纷纷落入法国手中"的说法。

尽管当时军衔制已经深入人心，但由于各国国情不同，所以作为该制度核心的等级划分和设置也在不同国家存在着较大的差异。一般来说，当时最早实施军衔制度的欧洲各国都按照由高至低的等次，把军衔划分为元帅、将官、校官、尉官、准尉、军士和兵。不过，每一等次中的级别高低划分各不统一。比如俄军的大尉和准尉军衔，许多国家就不曾设有，而1884年时，俄国的哥萨克上尉就等同于大尉军衔，可谓五花八门。

▲ 苏联胜利礼服军衔

▲ 美国陆军五星上将军衔肩带

▲ 苏联1943—1955年将军肩章

▲ 美国1779年就规定制服由蓝色大衣内衬白色，加白色纽扣。海军则是白色工作服和背心

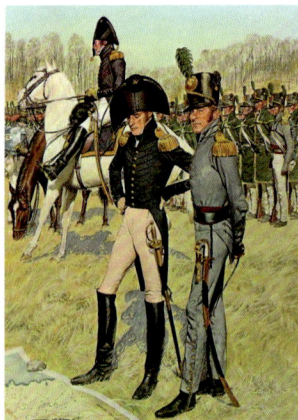

▲ 美国1813年时全军规定使用单排人字扣和金色弹链扣装在蓝色大衣上。高级军靴只有将军和参谋才能够拥有

等级	元帅与高级指挥员				
领章					
军衔标志					
袖章					
军衔名称	苏联元帅	大将	上将	中将	少将
	(Russian) (Маршал Советского Союза)	(Генерал армии)	(Генерал-полковник)	(Генерал-лейтенант)	(Генерал-майор)
北约等级	OF10	OF9	OF8	OF7	OF6

▲ 苏联红军（陆军和空军军衔），1940—1943 年

▲ 从上至下分别为美军陆军少校、中校及上校军衔（2010—2020）

▲ 美国陆战队总军士长佩章

到了二战时期，由于参战国家的武装力量人数均出现了爆炸性增长，因此各国军衔的发展也有了长足的进步。例如苏联就于1942年开始实施近卫军军衔制度，并于次年1月起先后设立了空军、炮兵、装甲兵、工程兵、通信兵元帅和主帅军衔，这在和平时期不仅绝不可能，而且也不需要设立。

还有一个例外，比如日本，当时其军种只有陆军、海军，没有空军。航空兵分为陆军航空兵、海军航空兵两类，并分别设立"陆航军衔"和"海航军衔"。当时的天皇裕仁是"大日本帝国陆海军大元帅"，既是名义上的，也是实际上的最高统帅。但实际上陆军元帅、海军元帅只是荣誉军衔，是对"为大日本帝国建立了特殊功勋的陆海军大将（上将）的嘉奖"，而不是正式的军衔等级，于是一些军界元老都会获得元帅称号。获得元帅称号者正式官衔通常称"元帅、陆军大将XXX""元帅、海军大将XXX"，这些人在着常服时会佩戴"元帅章"，着礼服时与一般大将在服饰上有明显差异。

到了现代，军衔制更加成熟，其主要代表了一种阶位的高低和军功。而最主要体现在其标志上，主要包括肩章、肩徽、领章、领徽、臂章和袖章等。另外帽徽、胸章、服饰、帽饰（镶条、牙线、纽扣、帽檐花、帽饰带等）也代表了不同的军衔和军兵种。

军功章的历史

军功章也产生于欧洲，其中起源最早的勋章，甚至要追溯到 14 世纪，与当时的欧洲僧侣骑士团密切相关。军功章指的是授给有功者的荣誉证章或者标志，是古代欧洲为了区别在战场上的骑士，从一个名为勋章的标志制度发展而来。每一个贵族都会设计出一个独特的标志，制作在他的盾牌、外衣、旗帜和印章上。饰以骑士标志的外衣成为他的战袍，让人从标志上即可加以辨别。

据留存下来的史书记载，早在 14 世纪中叶以后，由君主设立的用于奖励贵族的宫廷勋章就已经广为流行。包括英国设立于 1348 年的嘉德勋章、奥地利和西班牙设立于 1429 年的金羊毛勋章、瑞典设立于 1522 年的宝剑勋章等，以及沙皇俄国于 1698 年设立的圣徒安德烈·佩尔沃兹万内勋章等。

▲ 路易十八时代（1814）的骑士勋章：正面是亨利四世的肖像，背面是象征法兰西王国的百合花饰

▲ 英国陆军金质勋章

▲ 美军紫心勋章

▲ 苏联金星奖章　　　　　　　　　▲ 苏联保卫斯大林格勒奖章

　　到了 18 世纪，比如英军最著名的战役勋章是海军金质勋章，由英国海军部颁发，授予 1793—1815 年的英国皇家海军高级军官。勋章分为两种不同的尺寸，大尺寸勋章授予上校以上军官，小尺寸勋章授予上校以下军官，区分不同作战行动单独授予勋章，一名获奖者可佩戴多枚。

　　二战时期，比较著名的有苏联的红旗勋章、列宁勋章和美国的紫心勋章等。

　　与勋章相仿的是奖章，也是国家对军功和其他功勋的一种奖赏，其最早出现于 17 世纪。比如 1632 年时，瑞典国王古斯塔夫·阿道夫用黄金铸造成硬币形制以奖励参加纽伦堡会战的军官，并由此开启了奖章制度的先河。

　　到了拿破仑时代，由于欧洲战事频繁，奖章与勋章一起进入历史上的第一个"黄金时期"。当时流传着拿破仑的一句名言："只要有足够的勋章，我就能征服世界！"

　　第二次世界大战是一次人类历史的空前灾难，但与战争息息相关的军功章也起到了一定程度上的鼓舞和荣耀作用。比如被俄罗斯视为国家珍宝的胜利勋章，以及金星奖章、保卫敖德萨奖章、保卫列宁格勒奖章等。而反面的，则有记载着日军罪恶的从军记章。

M1915 ADRIAN

法国亚德里安头盔（法国）

■ 简要介绍

　　亚德里安头盔（M1915 Adrian 盔）是第一次世界大战期间法国军队装备的头盔，由于法国路易斯·亚德里安将军对它的诞生起主导作用而得名。它是法军的第一个标准头盔，也是现代军用头盔的始祖。

■ 诞生缘由

　　1914 年 8 月，第一次世界大战爆发，火炮的广泛运用，使炮兵成为战场上的火力主宰。任何军事行动都会伴随着长时间的炮火攻击，老式榴霰弹正被装有高能炸药和新式引信的现代化炮弹取代，后者的破片分布更加均匀，杀伤距离更远、杀伤力更强。各种口径的加农炮、野炮、臼炮、掷雷器，加上手榴弹、枪榴弹在步兵中的普及，使得战场上随时都充斥着啸叫着四处飞溅的炮弹碎片，弹片伤迅速取代枪伤成为造成士兵伤亡的头号元凶。

　　为了解决这一致命问题，法军元帅亚德里安首先试图对这种危险进行防护。法国工程师根据这位将军的指示，设计出了军用钢盔，命名为"亚德里安头盔"。1914 年 12 月，亚德里安开始给自己的士兵发放钢壳帽。结果证明：普通军帽采用仅仅 5 毫米厚 252 克重的金属层衬里，就可以有效阻止 60% 的碎片冲击；较重时达到 770 克，可以防 15 克、速度低于 140 米 / 秒的子弹的穿透。

　　这些结果大大鼓舞了法军，而且为了减轻伤亡，法国政府迅速扩大钢壳帽生产规模。到 1915 年 3 月，制造了 70 万顶钢壳帽送到前线，于是每一个战壕内的法国士兵都戴上了这种钢盔。

■ 结构工艺

　　亚德里安头盔外部由几片金属组成，内部使用皮制帽圈固定到士兵头上。这种设计大胆巧妙，看似简单的悬挂装置可以有效防止外来冲击力量直接作用于人体头颈部位。最初的亚德里安头盔，由 1 毫米厚的低碳钢经用来生产消防头盔的模具压制而成。之后共有 3 种尺寸型号，是一战时期工艺最为复杂的头盔。共有 70 道工序来压制和装配头盔的三个主要部分：盔冠、盔顶和盔檐。到 1917 年秋，两大生产厂一天可以生产 7500 顶成盔。

知识链接 >>

作为第一批现代作战头盔，首批亚德里安头盔最初发放时被漆成蓝色的；盔的前部有编制徽章以便于辨认兵种；不过有的也不带徽章。有徽章的盔顶凸起较低，没有徽章的则凸起较高，可以延伸到盔的前部。

▲ 装备法国亚德里安头盔的士兵

CUIRASSIER UNIFORMS

一战法军胸甲骑兵制服（法国）

■ 简要介绍

法军胸甲骑兵制服是一战初期法国军队骑兵所穿的军服。其诞生是针对之前华丽的军服在战场上隐蔽度不够的要求而进行的军服颜色改革的结果。这次改革，也带动了世界各国对军服颜色的变革。

■ 初期变革

在一战前夕，法军骑兵部队从表面上看仍是一支非常重要的军事力量。其中胸甲骑兵是其重骑兵（主要负责在战场上发动骑兵冲锋及突破敌方防线，他们通常使用较大的马匹并携带较重的武器）的重要组成部分（另一重要部队是龙骑兵）。

当时，胸甲骑兵部队的军官们穿的仍是100年前的蓝色军上衣、红军帽、红军裤。但1915年时，许多胸甲骑兵团都成立了下马作战的中队。由于此时枪、炮的射程和杀伤力都大大提高，在战场上隐蔽已经成为保存自己的重要手段。于是首先羽毛盔饰被完全去除了。之后，大多数骑兵部队都在大力引入地平线蓝制服，并开始将他们传统制服的某些方面转变为类似于步兵的样式；此外，他们的马裤也开始采用蓝色裤线。

最初，胸甲骑兵士官的大衣领章数字为银色，军官为金色，但为了在战场上保密，后者的领章数字也很快被改成了银色。

■ 具体外观

1915年后，胸甲骑兵开始佩戴标有红色团编号的领章，领章上绣有2条红色滚边；开始使用亚德里安头盔，身穿一种比步兵大衣更长的单排扣骑兵大衣。衣领处缝有三角形领章，领章上同样带有红色团编号数字及滚边。

▲ 一战法军胸甲骑兵制服

1916 年 7 月，有 6 个胸甲骑兵团被军方正式命名为"步战胸甲骑兵团"。这些部队成员的衣领上除佩戴原有的两条红色滚边，还添加了一条黄色滚边；此外，他们在衣领上佩戴圆形部队徽章，徽章颜色第 1 营为黑色，第 2 营为红色，第 3 营为黄色，仓库连为绿色。

知识链接 >>

所有 6 个步战胸甲骑兵团都被授予了红绿相间的勋索，以代表他们荣获的战争十字奖章。这些部队的成员通常更喜欢依靠手枪、刀剑和手榴弹而不是卡宾枪或步枪去作战。此时，他们已经开始使用皮革绑腿或布制绑腿。

DRAGOON UNIFORMS

一战法军龙骑兵制服（法国）

■ 简要介绍

法军龙骑兵制服指一战时改革后的军服。它与胸甲骑兵军服改进同时进行，由于穿着华丽的制服在战场上会使己方损失惨重，该部队改用一套更为实用的制服。

■ 改革缘由

1914 年，作为精锐中的精锐，法军龙骑兵满怀着骄傲与自豪，仍然穿着华丽的制服踏入战场，就像他们曾经在 1870 年时做的那样。当时，龙骑兵头戴一种于 1874 年首次配发部队的头盔，它含有镀金的顶部装饰和前板，以及一条带金属鳞片的下颚带（他们有时会用帽罩将头盔覆盖，有时则不会，这主要视具体情况而定）。在龙骑兵部队中，不论士兵还是军官都穿着一种深蓝色外套上衣（但军官上衣几乎呈黑色），它配有九枚银色纽扣和一条米黄色领子，领子上缝有深蓝色领章，领章上标有红色团编号；此外，他们还穿着红色的马裤，脚上穿重型骑兵部队首选的高筒皮靴。

但他们很快就发现，这套军服隐蔽度不够，会使己方损失惨重；随后，该部队改用了一套更为实用的制服。

▲ 一战法军龙骑兵制服

■ 制服外观

龙骑兵制服的变革，首先是引入了地平线蓝制服，并且很快就被调整成了类似于陆军其他部队的款式。在他们的头部护具方面，先是羽毛盔饰被取消，然后是亚德里安头盔彻底取代了龙骑兵的传统头盔。和其他部队一样，该部队也开始装备地平线蓝色的短外套上衣、大衣和马裤（配蓝色裤线）；团编号在深蓝色的领章上以白色数字样式出现（领章上还有两条白色滚边）。

知识链接 >>

法国的军服颜色改革，尤其取消红裤子时，曾引起一场风波，当时有人宣称，让法军官兵放弃红色而穿上不光彩的"像泥巴一样"颜色的军服是动摇军心。于是这项改革曾一度被搁置，直到法军因显眼的军服吃了苦头，才决定开始将部分军服改成蓝色。

▲ 一战法军龙骑兵制服

一战法军军官制服（法国）

■ 简要介绍

　　一战法军军官制服指第一次世界大战时法国军队的中高级军官所穿的常服。总体而言，当时法军的军服没有英军军服好看，不过穿起来比英军的军服更实用，更简便。有着欧洲传统的宽袖口和大衣领，算是当时欧洲军服的一种典范。

■ 设计由来

　　1789 年，法国爆发了大革命。由于当时的革命军大部分都是最底层的人民，因此大部分的"军服"都是生活中穿的衣服。不过有一些中产阶级花钱制作了军服，因此也有少量革命军穿着以蓝色为主的军服。

　　拿破仑执政后，在其 30 年的军事生涯中，先后亲自指挥过 60 多个有声有色的大小会战，赢得了其中大约 35 次会战的胜利，打败了欧洲前 5 次反法联盟军队的进攻。他的指挥艺术高超，在战场上往往以少胜多。可以说，他这些赫赫战功的取得，与他麾下的以 26 位帝国元帅为首的高级军官的东征西讨是分不开的。因此自战争爆发后，法国军服持续整个 18 世纪的三角帽正式结束，取而代之的则是高筒帽；整个欧洲的军服迎来了一个新的阶段。

　　拿破仑于 1815 年被击败，战争结束。战争后的法国将原来的白裤子变成了红裤子，其他地方并没有什么大的变化。直到 1870 年的普法战争使得法国退出一线强国。当时的法军军服更加强调红色和蓝色，这种军服一直延续到一战时期。这时法国高级军官都逐步配备统一的、有军衔的制服。

■ 外观特征

　　法国高级军官的制服，其常服上装饰金色纽扣和金色刺绣的肩章，与上衣搭配的还有带皮护腿的马裤以及短靴。他们的军衔通过袖子上的星星和其将官用平顶军帽来展示，后者带有银色编织线织成的传统线条装饰，这表示他是一名指挥一个军团的少将。一些将军首选穿着骑兵式短上衣，绕在胸前的七条黑色带子以及袖子上的黑色编织体窄带子系有奥地利式绳结。

理论上，军官应穿着与士兵大衣同样材质的上衣，以使自己尽量不太显眼。但实际上并不有效，因为真正情况下很多军官穿着近黑色上衣，上衣还带有金色刺绣装饰。那种朴实的服装从未普遍流行过。军官戴类似于士兵戴的黑色平顶圆筒军帽，但是帽墙上的带子由黑色变为蓝色，上面带有金线绣成的数字，深蓝色的丝线滚边则代替了原来的金色编花样式。

▲ 一战法军军官制服

FRENCH NAVY UNIFORMS

法国海军军服（法国）

■ 简要介绍

在法国军服中，海军军服是独具特色的。法国海军军服按样式分为士兵、女军人、军官三类，士兵着装与军官相似；按用途又细分为礼服、常服、工作服等品种，每个品种又有着冬季夏季之分。

■ 设计由来

法国作为欧洲大陆的老牌军事强国之一，其海军历来是一支很强悍的队伍，并且经过多年发展，成为一个具有严格编制的机构。海军参谋部是法国海军的最高行政管理和作战指挥机关，海军舰艇部队是法国海军的骨干力量。其主要作战舰艇按职能编为水面作战集群、水下和反潜作战集群、扫雷作战集群三大部分。此外海军陆战队更是法国海军的精锐部队，现有 2 个团，近 3000 名官兵，主要执行两栖作战任务。海军航空兵部队现有兵力约 7000 人，下设舰载航空兵司令部和海上及空中司令部。

在此背景下，法国由于最早设立了军服制度和军衔制，因此也为海军设计出了独具特色的军服和军衔配饰。

▲ 法国海军军服

■ 外观特色

法国海军军服独具特色，其色调一般是黑色或海军蓝（一般是藏青色色调）以及白色。尤其是帽顶缀红绒球俗称"蹦蹦帽"的海军水兵帽，更成为法国海军的独有标志之一。左臂上带锚的红色菱形臂章，用以显示军人的身份。

▲ 左图为夏季军服，右图为冬季军服

知识链接 >>

　　法国海军官兵所戴的水兵帽被称为"蹦蹦帽"。据考证，风帆时期的法国海军使用木质战船，舱室低矮。水兵们在上下舱内扶梯和通过各舱室时，头部经常碰到舱顶，皮肉之苦是难免的。为了防止碰伤，后来有人想出了一个简单的办法，即在水兵帽顶上放了团棉纱，于是人们纷纷仿效。后来，法国国会通过了一项水兵帽改革法案，红顶"蹦蹦帽"便戴在了法国水兵们头上。

FRENCH AIR FORCE UNIFORMS

法国空军军服（法国）

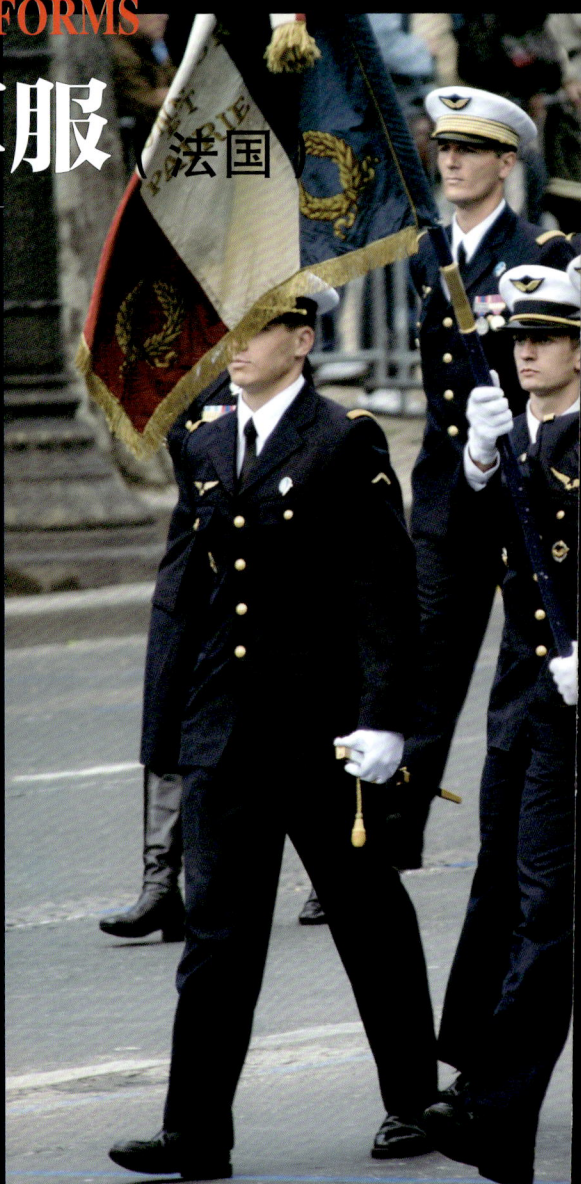

■ 简要介绍

法国空军军服，是指法国空军部队专门配发的制服。它与陆军、海军制服最大的区别是其色调和徽章配饰，主要以军服数字编号来区分每一种军服的用途和配章方案。还有如大檐帽帽墙军衔、船形帽军衔，另外实际上还有日常制服上的大型军衔条纹袖章，飞行服用的方形军衔章，等等。

■ 设计由来

作为欧洲老牌军事强国，法国曾是欧洲大陆数百年的霸主，并在 17 世纪成为较早实行制式军服的国家之一，开现代军服之先河。其军服的特点是华丽到极致的浪漫型。比如禁卫军军服为白色，带袖头、翻领、红色衬里，白色领章；龙骑兵军服为红色；步兵军服为灰色，后改为蓝灰色。据说衣服袖口上的扣子，是拿破仑发明的，当初目的是制止手下的那帮邋遢军官用袖子擦鼻涕。

除了陆军和海军外，在空军取得迅速发展的时期，法国空军的军服在保持与全军整体颜色统一之外，由于作战环境的不同，也逐步形成了自己的特色。

▲ 法国空军军服

■ 外观特点

法国空军军服看起来和海军差不多，都采用白色大檐帽和深蓝色制服，但制服的色调和徽章配饰却有很大区别。空军军服主要以军服数字编号来区分每一种军服的用途和配章方案。例如空军的晚礼服不须戴帽，佩戴微型军种资格章和全套勋章，男式用黑色领结，隐藏式纽扣的白色衬衣，"午夜蓝"色晚礼服和低腰皮鞋；女式挎晚装包，金色背带。

知识链接 >>

法国空军的军衔标志在其军服上有多处显示，如大檐帽帽墙军衔、船形帽军衔，另外实际上还有日常制服上的大型军衔条纹袖章，飞行服用的方形军衔章等。将官的飞翼帽徽上还嵌着他们的军衔星徽；而上校以下都是采用统一的飞翼帽徽。

▲ 法国空军军服

FRENCH FOREIGN LEGION UNIFORMS

法国外籍军团军服（法国）

■ 简要介绍

法国外籍军团是由外国志愿兵组成的陆军正规部队，由来自 136 个国家和地区约 8000 名志愿者组成。外籍军团成员在执行公务、训练、演习、作战或阅兵时，在法国、法国海外领土或在外国作战期间，会身穿各种不同的作战服，外籍军团不同部门的制服和作战服也都不一样。他们的作战服基于中欧（CE）迷彩伪装图案，不同的设计分别适用于热带、温带、沙漠（达格特沙漠模式）地区，作战服的设计是分开的。T3 和 T4 S2 的设计更具现代感，更加轻便耐用，满足艰苦的军事行动的整体需求。

■ 军服特点

卫戍部队作战服配发给在法国大陆或科西嘉岛服役的外籍军团驻军，在日常执勤和工作时，以及参加风暴、洪水、火灾和其他自然灾害救援等任务中穿着，身穿这套作战服一般不配备武器。

卫戍部队作战服夏装包括：1.绿色贝雷帽，正式军帽，仅搭配夹克或战斗衬衫；2.作战服汗衫或 T 恤，绿色、橄榄色或迷彩；3.作战服裤子，T3 或 T4 S2 版本，中欧迷彩伪装图案，绿色腰带；4.作战靴，2015 年之后采用民用户外靴。

卫戍部队作战服冬装包括：1.绿色贝雷帽，正式军帽；2.羊毛编织冬帽，寒冷天气下使用的非正式军帽；3.作战服汗衫或 T 恤，绿色、橄榄绿色、迷彩色汗衫，深橄榄绿色长袖 T 恤；4.迷彩载绒夹克或绿色户外夹克，寒冷天气下穿着，非正式军装；5.冬季绿色衬裤（秋裤）；6.作战服裤子，中欧迷彩伪装图案，T3 或 T4 S2 版本，绿色腰带；7.作战靴，2015 年之后采用民用户外靴；8.戈尔特斯面料风雪大衣和裤子，中欧迷彩伪装图案，寒冷天气穿着。

■ 发展变化

1970 年代到 21 世纪初，法国外籍军团身穿 F1 橄榄绿系列军服，2000 年—2015 年，身穿 F2 迷彩系列军服，样式与 F1 系列相同。2015 年之后，外籍军团完全采用了美国陆军风格的新式 T3 系列战术军服和 T4 S2 系列军服。T3 系列战术军服最早出现在阿富汗战争期间。目前，法国外籍军团正在换装从 2019 年开始配发的 F3 系列军服。

▲ 法国外籍军团军服

知识链接 >>

　　外籍军团配发的高级作战靴称"游骑兵"，是法军制服系列产品。从 2015 年开始，法国士兵装备 Lowa、Haix、Meindl 等公司的民用户外靴，因此外籍军团也穿着各种不同的作战靴，据悉，未来的 F3 系列军服配发之后，外籍军团也将穿着德国 Haix 公司的新型作战靴。

法国"未来单兵系统" （法国）

■ 简要介绍

法国"未来单兵系统"堪称"以人为本"的典范，这套最新式军服看上去很像电影中的太空战士，它不仅功能全面、强大，而且尤其注重个人防护装备的性能以及士兵穿着的舒适性。

■ 设计组成

法国在新世纪的单兵装备中，最新研制出一套未来作战系统，包括装有防弹插板且集成有电台的新型作战服、GPS系统、新型防弹头盔、武器、便携式计算机和先进光电设备。战斗服面料是用特殊纤维材料制作，能适应不同的气候条件，具有防火、防核辐射、防化和防生物武器的能力。按照人体工程学原理制造的战斗服在恶劣气候条件下为士兵提供了更舒适的"环境"，能做到"冬暖夏凉"。而用碳纤维、金属和陶瓷等制成的防弹背心和防护套件，能把士兵从头到脚近乎全方位地保护起来。

▲ 法国"未来单兵系统"

■ 头盔功能

法国"未来单兵系统"的头盔有一个广角的昼间／夜间照相机和一个装在头饰带里的骨扩音器，视频的瞄准器允许士兵扩展武器功能，通过拐角进行瞄准。这样一来，一名士兵就可以构成一个小的信息系统，所有装备又通过数据总线连接起来，这条总线能够保证所有外围设备之间实现快速联络。

知识链接 >>

与法国类似，德国也生产出一种新防弹头盔。据德国官员透露，它不仅重量更轻，防护力更强，还装有微型助听器，能过滤掉战场上可怕的爆炸声和惨叫声，只将有用信息完整地传递给士兵，帮助士兵克服不安、恐惧和孤独的感觉。

▲ 法国"未来单兵系统"

SPAIN CIVIL GUARD UNIFORMS

西班牙国民卫队军服（西班牙）

■ 简要介绍

如果说中国阅兵式上军队的关键词是"威严"，那么西班牙军团的关键词就是"性感"了。西班牙军团制服上衣的扣子只能系到胸部，这件衣服绝对能让他们成为全欧洲最性感的杀手。对于如今颇受争议的"敞胸露怀"着装风格，其军团创立者何塞早在百年前就给出了霸气回复："短袖上衣领口的外翻式设计是所有军团士兵一致同意的，旨在保证士兵穿着的舒适度和清洁度。"

■ 独特标志

西班牙国民卫队服装中最耀眼夺目的当属他们头顶上的黑色"小饭盒"了。这顶亮黑色帽子，前半部分是圆筒形，后面却露出两个"角"。这顶奇特的帽子就是国民卫队的军帽，它还有着相当深厚的历史渊源。1844年，当时的首相拉蒙·纳瓦雷斯建议国民卫队的制服"既要醒目又要优雅"，同时还要"有鲜明的西班牙特色"；于是西班牙就借鉴当时欧洲流行的三角帽，加以改良，打造出现在国民卫队军帽的雏形。在军帽的演变历史中，出于防雨防风的考虑，将原来的布质三角帽改为防水的油布材质，这种颜色黑亮、造型独特的帽子就一直沿袭下来，也成了西班牙国民卫队一个独特的标志。

▲ 西班牙国民卫队军服

■ 军服特点

西班牙国民卫队的服装做工细致、极尽奢华，处处体现出皇家的尊严与高贵，尤其是皇家持戟卫士，不禁让人想起童话中的白马王子。皇家持戟卫士的整套服装精致、烦琐，其正装包括上衣外套、下摆短靴裤、斗篷和三角帽，每个部分的细节繁复。不仅服装的周边都有银色缎带装饰，掩藏的下摆四周也都绣有象征皇室的精美徽章图案，就连帽子上一个不起眼的小纽扣都是纯银打造的。

▲ 西班牙国民卫队军服

知识链接 >>

西班牙阅兵式上除了亮眼的西班牙军人们，另一位"流量明星"当属一只"山羊大兵"了。这只山羊是西班牙军团的吉祥物，每年的阅兵式它都由西班牙军团带领出场，头戴阿拉伯式的毡帽，身披印有队伍徽章的挂毯，相当威武！不过其不是唯一的部队吉祥物，在阅兵式上出现的"萌宠"，还有老鹰或鹦鹉，以及蹲在士兵肩上的猴子。

BRODIE HELMET

英国布罗迪头盔（英国）

■ 简要介绍

英国布罗迪头盔是由英国商人发明家约翰·利奥波德·布罗迪于 1915 年 8 月设计的一款头盔。它使用冲压成型，在保证防护性能的同时也便于简化生产流程。它外形简约，生产简便，是一款非常成功的单兵防护装备。

■ 设计由来

在 20 世纪初的战壕作战中，士兵的头部最易被击中。第一次世界大战爆发时，参战国军队大多没有专用的防弹头盔，战壕两边的士兵使用毛呢、皮革材质的盔帽保护头部。1915年，法国先是装备了一种可以放在帽子里的金属"碗"。不久很快被亚德里安头盔取代，它具备了现代"钢盔"的特征。而钢盔可以有效避免头部受伤。

迫于战事，英国军方也发出了钢盔的采购需求。1915 年 8 月，约翰·利奥波德·布罗迪设计的一款头盔在伦敦获得专利。在一战初期，该头盔成为英军少数选择之一，列装后英军称之为 Mk I 型头盔。但之后，该头盔跨越了两次世界大战。它外形简约，生产简便，是一款非常成功的单兵防护装备。

▲ 英国布罗迪头盔

■ 结构特点

布罗迪头盔的盔体呈汤碗形，周边有宽阔的缘。头盔使用皮革内衬和颊带。这种设计主要是考虑到在战壕战中来自顶部的伤害，保护佩戴者的头部和肩膀免受榴弹炮弹爆炸弹片的轰击。盔体采用厚实的钢材，可以抵御弹片的冲击。

知识链接 >>

1936 年起，布罗迪头盔 MK I 型配备了改进的内衬和松紧式下巴带。由于技术所限，下巴带的弹性是由包裹在帆布内的弹簧实现的。1940 年，MK I 型被新型内衬的 MK II 型所取代，后者成了第二次世界大战期间服役于英国和英联邦部队的重要装备。

▲ 头戴布罗迪头盔的英国士兵

英国派克大衣（英国）

■ 简要介绍

派克大衣最先是被英国北海防务人员用来防寒的牛角扣军大衣，它凭着厚实的面料和防风耐磨的特点成为御寒佳品，广受士兵欢迎。

■ 设计由来

派克大衣英文写作 Parka，最早指的是由生活在北极地区的爱斯基摩人发明的以驯鹿皮或是海豹皮制作的大衣。为了抵御严寒，这种衣服的帽子也经常做上毛茸茸的边缘。

1887 年，英国裁缝约翰帕特里从一种波兰式的连帽军礼服中得到灵感，结合派克大衣的设计，推出一种带有风雪帽，以粗纺呢制成的军用大衣。在第一次世界大战期间，这种大衣被英国皇家海军选中在海军中普及，凭着厚实的面料和防风耐磨的特点成为御寒佳品，广受士兵欢迎。

第二次世界大战中，英国海军仍然采用派克大衣做北海防务战中的防寒军衣。1940 年 5 月，在震惊世界的法国敦刻尔克大撤退中，当地农民将一件派克大衣馈赠给英军总司令蒙哥马利。后来，蒙哥马利元帅总是穿着这件大衣在硝烟弥漫的战场上，驰骋南北而屡建奇功，因此人们就把这种带有风雪帽的粗纺呢派克大衣叫作"蒙哥马利大衣"。

因为派克大衣有着出色的保暖性能，二战期间军方在传统派克的基础上发展设计出了 B-9 派克大衣，面料改成了尼龙织物，内里填充了棉花，更加轻便的同时也能防风防水。

■ 结构性能

派克大衣的实用性很强，帽子又颇具古典风格。20 世纪 40 年代末，为了应对极寒天气中的任务，英国以及美国又为空军推出了经典的 N-3B 派克大衣。把 B-9 款式中的纽扣改成了拉链，可以一路拉到顶，只露出两只眼睛，内里也采用了更为保暖的面料，让穿着者在零下 51 摄氏度的环境里也能感到温暖舒适。1951 年朝鲜战争时，"鱼尾派克大衣"被设计出来，其特点在于后背的开衩可以绑起来防止风吹入，而散开的时候就好像鱼尾一样。

派克大衣

知识链接 >>

随着战争的结束，普通民众也能在军需用品店买到派克大衣了。法国一位名叫约翰·哥克特的年轻人在身着燕尾服绅士参加的晚会上，穿着一件派克大衣在舞池中翩翩起舞，这种反差立刻引起了巴黎社交界的轰动，并传为佳话，于是世界各地年轻人纷纷效仿。到了20世纪60年代则直接演变出了民用版，派克大衣从此离开军营走进了百姓家。

英国红衫军军服（英国）

■ 简要介绍

滑膛枪发明之后，笨重的铠甲完全失去了作用，欧洲陆军以崭新的轻装形态出现，却不忘古代武士的华丽装饰，其中最具代表性的就属英军，以红色作为军服的主要颜色。在 1707 年以前，团长们自己安排制造他们手下的制服。当年的英国皇室下令设立了一个军官委员会来管理军队的服装。提供的制服要符合委员会同意的式样，外套的式样倾向于仿效其他欧洲军队的式样。红衫军也成为英国陆军的别称，一直到 1902 年英国军队换装。

■ 军服由来

1639 年，查理一世要求苏格兰人改信圣公宗，结果苏格兰人借此机会起兵反叛，进攻英格兰。为了解决战争经费问题，查理一世在 1640 年 4 月重新召开国会，结果，对国王积怨颇深的国会议员们大大讽刺了一番这位国王。

恼羞成怒的查理一世带领 500 位禁卫军包围了议会并要逮捕 5 位议员领袖，可是国会却成功地把他们保护了起来，这件事情标志着国会和国王的彻底决裂。

1642 年 8 月，国会招募的军队与国王军爆发战争，英国内战正式打响。此间一位带有军阀色彩的将领迅速崛起，他就是护国公克伦威尔。他在国会军作战接连失利的大环境中逐渐凭借实力获得了极高的地位，并且获得了统一整编国会军的权力，由他组建的新的国会军叫作"新模范军"。为了区别当时国王军的白色军服，新模范军统一着红色军服，老百姓就叫他们红衫军。

■ 外观特征

1747 年，一系列的服装法规和皇家特许状中的第一条规定了每个团的不同的翻边颜色，此后沿用了数十年。早在 1742 年，步、骑兵的外套下摆就开始折叠。18 世纪初至 18 世纪中叶，前襟与袖口的翻面逐渐减小，大衣前方的下摆逐渐消失，服装由宽松趋于紧身，士兵与军官的服饰差别明显，军衔标志逐渐完善。

知识链接 >>

1790 年代初期的军服与 1768 版的军服主要差别在于将翻领改成了立领，同时燕尾在变窄的同时由大腿侧后方完全移至大腿正后方。1797 年后，人们不再穿白色或浅黄色马甲加上红色长外套、下着紧身裤与绑腿，取而代之的是更贴近实战要求、便于活动的贴身短上衣与散腿裤，同时燕尾被截短，最终在 19 世纪中叶被废止。

▲ 英国红衫军

ROYAL GUARDS DRESS

英国皇家近卫团礼服（英国）

■ 简要介绍

英国皇家近卫团礼服是英国白金汉宫的皇家卫队所穿的制服。自1656年成立以来，永远是那不变的猩红色紧身短上衣、黑色长裤，以及那顶高高的熊皮帽，这也是英国皇家卫队最大的特色，体现了它几百年延续不变的传统、不变的服饰、不变的礼仪、不变的作风。

■ 设计由来

英国皇家近卫团由英国陆军皇家近卫步兵和英国陆军皇家近卫骑兵组成，其始于1656年英王查理二世时期。好几百年来，一直保持着他们的传统、服饰、礼仪、作风。他们承担着英国皇家的警卫任务，历史上也参加过许多战争，在一些重要会战中起了关键的作用。现隶下有五个近卫步兵团，两个近卫骑兵团和一个预备团。在英国人眼中，皇家卫队就是英国传统文化的象征。

英国皇家卫队的队员头戴熊皮帽约有200年的历史，这顶帽子象征的是英国强盛的军力。其实，最早戴这样帽子的是法国士兵，法军当时戴这种熊皮帽是为了让士兵的个头显得更高，看起来更具威慑力。但在滑铁卢战役，第一近卫团1815年击败了拿破仑的军队，之后英国士兵取而代之开始戴起了熊皮帽，来彰显自己的作战能力比拿破仑军队强。

■ 具体外观

英国皇家卫队由五个团组成：皇家掷弹兵团、冷溪近卫团、苏格兰团、爱尔兰团和威尔士团。除统一的大熊帽、红上衣外，每个团都有自己独特的帽徽、识别符号和吉祥动物：掷弹兵团的军服领子上有一颗炸弹，这是当年精

▲ 英国皇家近卫团礼服

锐的掷弹兵部队标志；冷溪近卫团的标志是嘉德勋章，上面是一个吊袜带，中间有红十字，服装的特点是纽扣两个一组；苏格兰团的领章上有苏格兰的蓟花，纽扣三个一组；爱尔兰团领章上有爱尔兰象征三叶草，纽扣四个一组；威尔士团的领章标志是一颗韭葱。

知识链接 >>

英国皇家近卫团无论寒暑，头戴大的真熊皮帽，因此英国国防部每年要花 6 万英镑，从加拿大买熊皮，来做帽子，曾经一度因为环保人士的抗议想采用化纤产品代替，但士兵们不答应，化纤帽子不透气，士兵会热得中暑，只得又换回真皮帽。

18世纪中后期英国皇家海军军装（英国）

■ 简要介绍

美国独立战争时期，英国皇家海军军官一般身着蓝色和白色制服。海军上将经授权可穿着一件深蓝色上衣，剪裁略宽松，这意味着穿起来更舒适一些。马裤和长袜为白色，使用非常精致的布料缝制；鞋子则是普通搭扣鞋。三角帽是当时的普通样式，外缘有一道金色宽花边。英式帽结为黑色。佩剑和领结样式则由个人决定。毫无疑问，这一时期的海军将领们穿戴一种老式的传统领结。佩剑的形制多种多样，猎刀、十字剑或者军用短剑都有使用。

■ 舰长制服

舰长制服的剪裁方式同将官一样，但装饰更简单，袖口、襟贴和衣领上的花边也更窄。背心为纯白色，或许更短一些，很可能没有金花边。军帽上的镶边宽度较窄；马裤、长袜和鞋子与将官的样式一致。将官和舰长的发式按规定应该扑粉束发。不过一旦出海后，这种做法无疑被务实的军官们抛弃了。海军中校和海军上尉穿着的制服样式同他们的舰长一模一样，只是海军中校制服上的金色花边更细。海军上尉制服上的白色襟贴和袖口无花边。海军中校的三角帽上有一道细金镶边；上尉的三角帽上无镶边。除非舰长有明确的指示，否则他们能够自行决定装备哪些随身武器。大多数军官都至少有两把配剑，一把用于搭配正式场合的礼服，一把在海上执勤和战斗时使用。

■ 士官制服

皇家海军士官都是训练有素、经验丰富的职业水手，是海军的骨干力量。他们的上衣是深蓝色，同军官的制服颜色相匹配。背心的样式也很普通，是红色或棕色。宽剪裁的裤子非常宽松，一直延伸到膝盖以下。他们还穿长袜和典型的搭扣鞋。围巾是海军的传统服饰，大

▲ 18世纪中后期英国皇家海军军装

部分为黑色，但同样也有方格图案。海军士官一般不随身携带武器，除非战舰即将投入战斗。军帽为三角帽，或者某种当地制造的没有帽檐或帽顶的皮革头盔。海军士官通常持一根手杖或绳鞭，以对付那些懒懒散散的水手或需要一些"激励"的顽固分子。

知识链接 >>

皇家海军水手的典型穿戴可能同海军士官的制服很相近，包括宽松裤、长裤和搭扣鞋，一件红色或棕色甚至带条纹的背心，一件蓝色或棕色外套，无襟贴或无袖口。纽扣为黄色金属质地。另一种制服套装可能包括一件没有襟贴或袖口的蓝色短外套，配有黄色金属纽扣，一条白色或有条纹图案且长及脚踝的裤子。

BRETON STRIPE SHIRT

英国海军 "海魂衫"

（英国）

■ 简要介绍

　　海魂衫俗称海军衫，泛指各国水兵们穿的衬衣，通常为白蓝相间的条纹衫。海魂衫的寓意为广阔的大海与蓝天，水兵们穿上海魂衫更显得精神抖擞。但是，由于英国流传着国王格奥尔格二世目睹一位公爵夫人骑马疾驰所穿服装而受启发设计，所以更有神秘的来历。

■ 设计由来

　　作为传统海洋军事帝国，英国海军舰队在英军中的地位举足轻重，历代国王都十分器重。但在 18 世纪中叶之前，英国海军制服和颜色极不协调。海军军官的上衣为绿色或灰色，下身为白色或红色的裤子；水兵则穿步兵上衣，裤子的式样亦杂七杂八。

　　某一天，英国国王乔治二世（格奥尔格二世）到当时专为英国贵族骑马休闲的海德公园散步。突然，他看到贝尔福特公爵夫人身穿女子常穿的蓝色衣服，扎白色腰带，骑着一匹白马在疾驰，衣服随风飘逸，颜色十分和谐、典雅、别致。国王满心欢喜。他回到皇宫，立即召见海军官员，要求他们革新海军制服，就像贝尔福特公爵夫人那样，蓝白结合。国王的意志就是法令，同时，这也迎合了海军官兵不满意现用军服期望改革的愿望。于是根据国王命令而设计的蓝白相间的水兵服"海魂衫"便诞生了。英国这种蓝白相间的海军制服在各国海军中迅速传开。到 19 世纪，许多国家的商业船员也纷纷加以效仿，一直保持到今天。

■ 具体样式

　　海魂衫作为海军制服内衣，为白蓝相间的条纹衫，寓意为浩瀚的大海与蓝天。其号码和普通服装的号不一样，它分 1、2、3 号，1 号最大，2 号其次，3 号最小。海魂衫的面料主要成分是棉，衣服右下襟带号型，左下襟有军队印章。海魂衫正反面有横竖纹理区分，侧面没有拼缝。

▲ 英国水兵

知识链接 >>

海魂衫最早的由来，据说可追溯到法国西北方的布列塔尼地区(Britanny)，因此其英文名便叫 Breton Top。该地区的水手们从 19 世纪 20 年代就开始穿着蓝白相间的棉布条纹衫了。而它的最大实用功能是，当有人不小心从甲板掉入海中，可以快速被发现。1858 年，法国海军将这款棉布衫定为海军制服的一种，后逐渐风靡全世界。可以说与英国的说法异曲同工。

英国海军常服（英国）

■ 简要介绍

英国海军常服套装包括上衣、裤子和大檐帽，作为日常作战和训练时穿着的服装，其设计上有着非常强的实用性和海军特色。并且，英国海军制服也是世界上影响最深远的一种海军制服，广泛被别的国家模仿借鉴。

■ 设计由来

在早期，英国海军常服的色调一般是黑色或海军蓝，只有礼服才用白色。这是因为，黑色或海军蓝等深色的衣服比较耐脏，在海水淡化技术没有在舰艇上大规模应用之前，在茫茫大海上洗衣服的机会基本上没有，因此海军官兵们穿上一件耐脏的军服是非常重要的。

而进入全球化时代以后，英国皇家海军发现，热带地区的太阳暴晒让穿着深色军服的军人很是遭罪，因此逐渐开始为热带地区服役的海军人员配发反光率最高的白色军服，由此奠定了白色在海军军服中与深色分庭抗礼的地位。

从此，英国海军一般将白色军服作为夏服，深色军服作为冬服，不过由于白色军服大方美观，因此海军礼服一般采用白色。这种形式确立后，也影响到了世界各国海军，引发了常用服装颜色的变革。

■ 外观特征

英国海军制服最典型的代表为 No.1 Blue Dress。气候合适的时候用作常服和礼服。基本特点为，双排八粒扣，戗驳领，后面双开衩，两个大口袋没有口袋盖。而其大檐帽极其精美，立体感极强；上面的帽徽现在是女王王冠帽徽。

英国海军制服分为 1A、1B、1C 三种着装状态，1A 最正式，配有勋章和佩剑；1B、1C 次之。且只有准将以上军衔和王室成员才使用单肩的金色肩板和肩章，将其放在右肩。副官的肩章和肩带用于左肩，样式由金蓝相间变为金黑相间。将军的纽扣上的图案，由锚和下方两侧的树枝状图案组成。

海军服一般没有肩章。肩章起源于中世纪骑士肩甲上的识别图案，然而，海军军官的军衔标志一般绣在袖口上。这是因为舰艇上军官主要站在位置较高的舰桥上指挥，在甲板上的水兵们不容易看见其肩膀，而袖口处的标志仍然能够一目了然。与此同时，肩章也容易被凸出物件钩挂，不适合长期在舰艇上的军人。

一战前美国陆军军服（美国）

■ 简要介绍

一战前的美国陆军军服，有一个逐渐演变的历程。从最初的五花八门的杂色，到慢慢统一设计，呈现出美国作为移民国家统一之后军队由分散到统一、标准化的历程。其间经历了不断变化的战争环境，以及经济逐渐由弱小变得强大。

■ 演变历程

1776 年的最早期，大多数士兵穿着的衣服都是自己家里带来的服装。直到华盛顿命令使用狩猎衬衫作为军服来做一些统一，那个时候的士兵也是要自己带狩猎衬衫参军的。当时即使是军官制服也各有不同，华盛顿将军自己设计了蓝色作为海军军服主色，陆军则是棕色和黑色，再设计一些色带表明他们的职务和职位。

随着战争的进行，美国陆军制服才开始变得更加标准。1779 年规定制服由蓝色大衣、白色内衬，加白色纽扣组成。到了 1812 年，受到欧洲影响，美国军队开始在费城阿森纳召集裁缝制作更多尺寸的军服装备陆军。但因为当时蓝色布料的短缺，不得不使用一些亚麻布料做军装。1833 年在美国墨西哥战争期间，考虑到墨西哥气候因素再次对军服进行改革，士兵不再穿蓝色绿色大衣，而是开始穿浅蓝色夹克。

内战开始后，1851 年规定引入蓝色羊毛大衣作为所有战士的服装，官员则是穿双层外套，装甲部队人员穿原先的夹克和天蓝色长裤。帽子没有什么严格规定，很多都是从别的国家购买来的，或者是由军人家属（母亲或者妻子姐妹）私人定制，因此有很多品种。

西班牙战争后很多西班牙籍美国人加入美国陆军，这次改变促使所有军服得到统一。

美国独立战争时期的军服

■ 外观特征

最初时，美国陆军的中尉服装是蓝色大衣、白色面巾和肩章。1782 年时主要都是红色和蓝色作为区分标准，将军和参谋肩膀上有黄色线条作为标志。1813 年，全军规定使用单排人字扣和金色弹链扣装在蓝色大衣上。高级军靴只有将军和参谋能够拥有。1851 年，裤子有了统一性，士兵和军官都穿着淡蓝色军裤，三角帽也被换成大头帽。军官则还是穿着蓝色大衣。

1779 年的军服

1883 年的军服

1851 年的军服

19 世纪 80 年代的军服

▲ 1899 年的美国步兵制服

知识链接 >>

　　西班牙战争后，虽然美国陆军仍然穿着 19 世纪 80 年代的制服，但是所有入伍西班牙籍新兵都会得到一件深蓝色羊毛衫或者深蓝色夹克、浅蓝色羊毛裤、棕色帆布绑腿以及一顶运动帽。标准军官制服外套上装饰有 1895 年推出的黑色马海毛编织线，深蓝色马裤，黑色靴子和牛仔帽。但是骑兵这次又有了新的创意来彰显自己的独特性，他们喜欢在脖子上绑一块颈巾。

一战时美国军队制服（美国）

■ 简要介绍

　　一战时美国军队制服，是自1903年美西战争中的古巴战役后，开始换装的一种卡其色（深黄褐色，草绿色）制服，到1912年左右，这种款式的制服开始全部配发给步兵。但由于布料的使用时间、制造地点和布料磨损情况不同，也会呈现出不同的色调。

■ 诞生过程

　　第一次世界大战中，美国军队的标准制服开始发生变化，最主要的是卡其色和橄榄绿取代之前蓝色、黑色的皮革制品成了带有皱纹的皮革，甚至徽章和纽扣都有变化。

　　在战争期间士兵大量使用橄榄色羊毛制服，中校以上军官军服则是在英国或者法国量身定制。军官还采用英国棕色皮革腰带和棕色军靴，而不是士兵那种绑腿。帽子没有太多区别，只有美国远征军使用英国钢盔。1917年，士兵们配发了一种新式军靴"潘兴靴"，这种靴子是棕色的，靴底镶满了鞋钉。在美军中，潘兴靴一般搭配布制绑腿使用。

　　一战期间，美国也让大量女性进入军队作为话务员，军队也给她们发放了制服。女性制服使用的是海军蓝色诺福克式羊毛夹克和羊毛裙。

▲ 一战时美国军队制服

■ 外观特征

　　一战时期，美军步兵通常穿着一件羊毛材质的卡其色上衣（M1912式），上面配有五枚带有白头海雕图案的青铜纽扣。步兵上衣最初有4个口袋，还有肩带和一个立领。步兵在衣领两侧都佩戴着一枚圆形徽章，右侧的圆形领章上标有代表常备部队的字母缩写"US"，或代表国民警卫队的"USNG"，或代表选派和征兵部队的"USNA"。

一战时美国军队制服

知识链接 >>

在此之前，美军一些步兵团还设法配发了带有他们自己团编号数字的特定版本圆形领章。佩戴在左侧衣领的圆形领章则表示佩戴者所属部队的类型，比如步兵的徽章上带有交叉步枪图案（有时还带着团编号或代表连队的字母，有时也带其他字母，如代表机枪手的"MG"也会附在徽章上）。

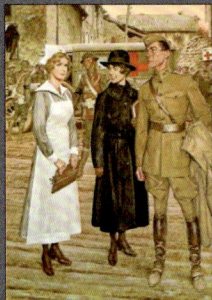

美国海军陆战队常服（美国）

■ 简要介绍

美国海军陆战队于 1775 年 11 月 10 日正式成立。在这漫长的历史过程中，海军陆战队因其独特的常服而表现得格外显眼。其经历了颜色由绿变蓝、裤腿外侧有深红色条纹、"皮颈"的变迁以及帽子上的标准配饰等。

■ 设计由来

美国海军陆战队的常服，最早是用绿布制成的，因为当时绿布是一种非常廉价的材料，并且来源很广。到了 1798 年，第一批官方常服指南要求陆战队常服得用深蓝色宽布，然后用红色布料点缀边缘。另外，纽扣不是普通纽扣，而是海军专用的黄铜色纽扣。

1834 年，杰克逊总统要求海军陆战队使用绿色常服，但是因为那时候美国本土缺乏绿色布料，大部分绿色布料得从英国采购，价格高得吓人。另外，绿色染料本来质量就不好，经过海上运输后很快就会褪色。到 1839 年，陆战队员又重新穿上了深蓝色军装。

在海军陆战队成立之初，为了让脖子显得更加挺拔，无论是军官还是普通士兵，都会在脖子上佩戴一种皮制品。南北战争结束后，黑色皮革取代了"皮颈"。而到了现在，衣领上的皮革已经彻底消失了，取而代之的是衣领前面的一块布。

美国海军陆战队常服

■ 外观特征

美国的海军陆战队蓝色常服，有个非常明显的特征——裤腿外侧有条深红色的条纹。但是并非所有陆战队员都能佩戴这种红色条纹，只有军衔在下士以上的队员才有资格使用。而对军官们来说，他们常服上的红色条纹要更宽一些。

知识链接 >>

　　海军陆战队常服帽子上还有一个标志性配饰——地球、鹰和锚。这种符号诞生于1868年，当时雅各布·泽林准将召开了一次军官委员会，议题是讨论在陆战队的常服帽子上设计一个新的装饰品。讨论最终决定用地球、鹰、锚取代1859年之后一直使用的号角。到了1875年，地球、鹰、锚正式成了海军陆战队的徽标。

　　关于美国海军陆战队常服裤腿外红色条纹的起源，有很多种说法。最流行的一种是：约在1847年，当海军陆战队进攻墨西哥城查普尔特佩克城堡时，他们付出了巨大代价，有很多陆战队员为此丧生。因此红色条纹意味着海军陆战队在历史上作出过巨大牺牲。另外一种说法是：早在1834年，美国陆军就认为，红色裤子条纹与夹克表面颜色更加匹配。

美军凯夫拉防弹衣（美国）

■ 简要介绍

　　凯夫拉防弹衣是美国杜邦公司于 1935 年左右使用芳族聚酰胺类有机纤维材料制成的士兵特殊保护装备，之后"凯夫拉"这种材料被应用于美军各种新型的防弹衣上，用这种材料制成的防弹衣仅重 2 千克～3 千克，而且穿着舒适，行动方便，很快就被世界上许多国家的军队采用。

■ 研制历程

　　据军事专家统计，战场人员伤亡总数的 75% 是由低速或中速流弹和炸弹的碎片造成的，而子弹造成的直接伤亡仅占 25%，为了提高作战人员的生存能力，一战之后，人们对避弹衣的研制越来越重视。

　　在制造避弹衣的众多防弹材料中，芳族聚酰胺类有机纤维继玻璃纤维、碳纤维、硼纤维之后，一跃成为材料技术领域的佼佼者。于是，美国杜邦公司将开发的芳族聚酰胺类有机纤维注册为"凯夫拉"商标，被用作增强纤维首先实现工业化生产，由此于 1935 年制作出了凯夫拉防弹衣。

▲ 美军凯夫拉防弹衣

■ 作战性能

　　凯夫拉防弹衣用芳族聚酰胺类有机纤维代替尼龙和玻璃纤维，此纤维重量轻、密度高，抗张强度是一般有机纤维的 4 倍，其模量为涤纶的 9 倍。由于凯夫拉品牌纤维的比重小，所以它的强度高于玻璃纤维、碳纤维和硼纤维，并且可使避弹衣的重量减轻 50%，在单位面积质量相同的情况下，其防护力至少可增加 1 倍。另外，凯夫拉防弹衣具有很好的柔韧性，还耐高温耐化学腐蚀，绝缘性能也很好，穿起来非常舒适。

知识链接 >>

据报道，美国海豹突击队队员麦克·戴在伊拉克执行战斗任务时冲进一所房子，遭到埋伏在里面的4名武装人员伏击，身中27枪，其中有16枪击中身体其他部位，有11枪击中凯夫拉防弹衣。虽身中多弹，但他拼命用手枪还击，最终击毙了4人，而自己虽然受了伤，但因凯夫拉防弹衣保护了内脏而活了下来。

▲ 美军凯夫拉防弹衣

U.S. M1941 FIELD JACKET

美军 M1941 野战夹克（美国）

■ 简要介绍

二战期间，美国军服为适应战争要求，也在迭代更新。在战争开始后一些军士长推介了集中建议被军方采纳，于是诞生了最初的 M1941 混纺野战夹克。之后以此为基础又推出了 M1943、M1951 御寒野战夹克以及多功能的 M1965。因此，M1941 野战夹克算是美军现代军服的鼻祖。

■ 诞生历程

在 20 世纪 30 年代后期，美国陆军推出了新型裤子替代过去那种小脚服务裤，这种新裤子用卡其色帆布制成。军官常服是较为传统的西装领口加收身装，这借鉴了英法两国的设计。不过，美军奉行的是"实用主义"，并非全都照搬。他们的军服面料多以棉布和帆布为主，并将卡其色与橄榄绿色作为主要色调，有很强的实用性和耐用性。

1938 年，在陆军少将詹姆斯·K.帕森斯的建议下，美军军需部门推出一款以民用风衣为设计蓝本的黄褐色夹克，由大名鼎鼎的乔治·巴顿将军亲自参加研发设计，又经过数次修改，最终于 1941 年 6 月定型。因此，这款并没有正式名称的作战服被士兵们称为"帕森斯夹克"或者"M1941 作战夹克""M1941 野战夹克"。

▲ 美军 M1941 野战夹克

■ 服装特点

M1941 野战夹克是作战服，便于携行大量装具。虽然不再强调束腰收身，但是普遍耐磨实用。作为一款夹克类军服，其款式精悍、干练，用今天的眼光来看，它就像一款经典工装。夹克面料采用卡其色细帆布，在严酷的战场环境下，具有很强的耐用性。它带有胸标，上面标明其军种和编号。

知识链接 >>

M1941 野战夹克的出现，标志着美军在战场上开始用帆布类野战夹克逐步取代毛呢制服类军服。美军在 1941 年大规模配发 M1941 野战夹克，并一直用到二战结束。

▲ 美军 M1941 野战夹克

美军 HBT 军服（美国）

■ 简要介绍

HBT 军服是二战爆发后，美军在很短的时间内加紧研制的新一代作训服。1941 年，这种"人字形"织物（也称作人字呢）面料制作的服装开始全套配发给士兵。

■ 诞生过程

20 世纪 30 年代，美国陆军开始配发给士兵蓝色和卡其色纯棉套服用于日常作训。1941 年 12 月 7 日，偷袭珍珠港的日军将美国卷入二战时，这个长期奉行孤立主义的国家还远远没有作好战争的准备。大部分士兵都还穿着旧时的军装，甚至是 1913 年美墨战争时的夏季军装。

美国领土广阔，气候多样，当时美军士兵的军服多种多样。美国陆军的军服有三个类别：A 类制服为冬季军服；B 类制服为春秋季军服，包括衬衫；C 类制服为炎热气候条件下的军服，由卡其色粗斜纹布料或丝光斜纹面布料制成。

当太平洋战争开始后，为了满足士兵在应对太平洋炎热气候下的使用需求，美军开始加紧研制新一代的作训服，作为炎热气候下的补充方案。最终，于 1941 年推出了绿色 HBT（斜纹人字布）面料作训服，1943 年，HBT 作训服大面积配发给在太平洋地区与日军作战的美国海军陆战队。

HBT 作训服面料的质地比较薄，但相比平（斜）纹面料，有更好的强度，并不缺乏耐磨性，很适合在炎热环境下穿着。因此二战结束后，美军依然大面积配发 HBT 作训服。直至 1959 年，这种布料才逐步退役。

■ 外观特点

美军 HBT 军服由橄榄绿色人字纹面料制成，它的主要外观特点是：在胸前带有两个大兜并且带有扩展的侧褶，褶边平直；特殊版本的在前襟还有防毒衬布，其领下有两个纽扣，可以扣上防毒的毛料风帽。HBT 军帽是一款"工装、作训、战斗三合一"的软式军帽。具有简练流畅的裁剪，结实耐用的面料，闲适而不失干练的外形。八角帽正前方配有油印的陆战队标志，但也有无标记版本，士兵会自行将陆战队金属徽章放在上面，

▲ 美军 HBT 军服

知识链接 >>

HBT军服还有双面迷彩版本，曾被士兵在诺曼底登陆之前穿用。但是，由于美军士兵身穿这种迷彩服容易与敌人混淆，出现过被其他盟军误认为是德军的误伤乌龙事件。所以，双面迷彩版HBT军服之后在西线战场被禁止使用。相比而言，美军这种迷彩军服更适合在太平洋战场的丛林中使用，这样会发挥出更有效的伪装效果。

U.S. M1 HELMET
美军 M1 头盔（美国）

■ 简要介绍

M1 头盔是美军军服中鼎鼎大名的头部装置，其使用时间近半个世纪，跨越了二战、朝鲜战争、越南战争，经历了无数的战火，在保护美军士兵安全方面居功至伟。

■ 设计历程

早在第一次世界大战期间，美国军队就获得了 M1917 凯利头盔，这款头盔就是复制英国发明的布罗迪头盔而来的。虽然能够防止炮弹碎片的袭击，但其佩戴感觉很不舒服。尤其他采用皮革制成的固定在下巴的托带，这种固定托带一旦收紧就很难放松，对于一名不小心被某个障碍物绊倒的士兵来说可能会产生致命的后果。

美国陆军部研究表明："壶"状是头盔的最佳形状——具有很好的稳定性，同时对水平方向的冲击具有很好的防护能力。于是到了美军参加二战的 1941 年，美国陆军对原来的凯利头盔进行了微小的改动，推出了标志性的壶状 M1 头盔。同年 6 月，美军就已将 M1 头盔配备少部分单位进行试验，当时美军的 M1 头盔上所用的悬吊系统采用的是类似美式足球选手头上戴的头盔所用的悬吊系统，这种悬吊系统稳定性能良好，头盔与头部之间有一定的空隙，整个悬吊系统由头带、吊床、汗圈、套环等组件构成，这种设计是为了让头盔受到冲击时能将其力分散至整个头部进而降低整个钢盔被穿透的可能性。

在二战中以及之后朝鲜战争、越南战争直至 20 世纪 80 年代前中期，根据不同的作战环境需要，美军又对 M1 头盔进行了各种改变。比如分为内外两部分、加装迷彩、加装尼龙制的橄榄绿色扣带等。

■ 结构组成

M1 外盔为锰钢冲压制成，因此被一些前线士兵戏称为"钢锅"，M1 内盔多数是由纤维板复合材料制成，也有少数的内盔为全塑料制。通常情况下，M1 头盔的外盔不能单独使用，但内盔可以单独使用。内盔由多部分组成，可牢牢地与外盔进行搭配。其构造包括：盔体、铆钉、汗圈及悬架系统。士兵可以通过调整内盔来适应头围。

知识链接 >>

M1头盔的设计比较独特之处，还在于头盔的前面设计有一个边缘，主要防止雨水从佩戴者的脸上流下影响视线。早期的M1头盔只有一种标准尺寸，不一定每一个士兵都能够适合标准尺寸，也因此出现了钢盔太重或戴久了容易头痛等问题。为了改良上述问题，改良后的M1头盔有了内盔与外盔之分。

▲ 美国陆军的M1头盔伪装网

美军 M1942 迷彩服（美国）

■ 简要介绍

M1942 迷彩服是美军二战时期开发的一型军服，包括最初的连体式和后来的两截式，主要装备于海军陆战队。基于土黄色底色上的棕绿两色斑点所形成的伪装图案虽然略显简单，但对于在太平洋作战中的狙击手这种很少运动的士兵来说还是合适的。

■ 设计由来

在二战中，美军很早就为部队配发了迷彩服。但由于在欧洲战场上时，德军也广泛采用了迷彩服，美军为防止误伤，除了少数侦察部队之外，就不再配发迷彩服。

1942 年 7 月，麦克阿瑟将军紧急要求生产 15 万套丛林迷彩服，供太平洋战区使用。这个迷彩实际上是由平民诺维尔·吉莱斯皮设计的。他是一位园艺家，也是《日落》和《旧金山纪事报》等的园艺编辑。从那年 8 月开始，这种绿色斑纹或斑纹设计就开始在美国军队中推广，并逐渐转变成棕褐色。最初称为 M1942 型连体迷彩服，被美军士兵称为"青蛙皮"。然而在实战中，美国海军陆战队前线部队对 M1942 型连体迷彩服的抗议如雪片一般飞回后勤部门。因为在太平洋岛屿闷热潮湿的丛林中，M1942 型连体迷彩服的散热性非常差。由于设计上的缺陷，当士兵需要如厕时，几乎需要将整套迷彩服都脱下来，使之不得不暴露在热带雨林中无处不在的毒虫之下。

于是，美国海军陆战队决定研制一套属于自己的迷彩服，这就是 M1942 型两截式迷彩服。1943 年，所罗门群岛战役中的美国海军陆战队突击队和侦察队少量配发了新式的 M1942 型两截式迷彩服。在塔拉瓦战役中，M1942 型两截式迷彩服就已经广泛装备于美国海军陆战队了。

■ 主要形式

M1942 迷彩服一面的迷彩色由绿色、棕色、黑色组成；另一面由深浅不同的棕色色块组成。两截式迷彩服的正反面都可以穿，上衣部分在左胸口和右侧腰间部位，各缝有一个无盖口袋，胸口印有美国海军陆战队的英文缩写名称"USMC"。

知识链接 >>

在 M1942 迷彩服装备于军队的同时，一种标准的 M1942 斑点迷彩的变体也被印在防水布料上，来制作雨披 / 半身罩衣。和丛林迷彩的衣服一样，雨披的主色也从绿色转变为棕色。另外，一些二战时美国空军的降落伞上也印有三色绿点迷彩，这种迷彩一直沿用到 20 世纪 50 年代。

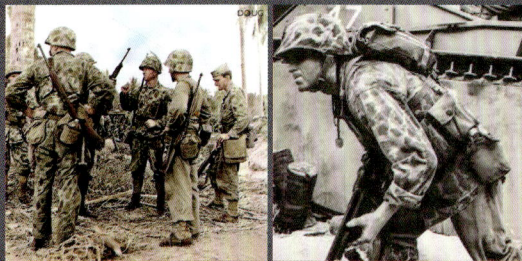

▲ 美军 M1942 迷彩服

U.S. ARMY M1943 COMBAT JACKET

美军 M1943 作战夹克（美国）

■ 简要介绍

美军 M1943 作战夹克是在 M1941 野战夹克的基础上改进而来。这种军服采用了"分层着装"的全新设计理念，因此保暖效果更好。而且它更重要的贡献在于，既提升了军服的性能，又增强了军服的全军通用性，减轻了后勤的补给压力。

■ 设计历程

M1941 野战夹克配发给美军士兵之后，一开始很受欢迎。但是在之后军队的使用中，由于其颜色、布料、穿着的舒适度等问题，引起了广泛的争议。1942 年，美军开始着手研发一种通用型单兵装备系统，以取代旧式制服类战斗服、M1941 野战夹克、毛料大衣、坦克装甲兵服等专业性军服。

于是，美国陆军军需办公室主张仍以 M1941 夹克为雏形，来研制一款新型夹克，并在同年的 5 月 5 日写信督促马歇尔将军制订新的制服标准方案。此事引起了艾森豪威尔将军的极大兴趣，因此由艾森豪威尔将军亲自设计并指导新型陆军标准服装计划于当年开始进行。这也是一种作战军服首次受到国家高级领导人的关注并亲身操刀设计。

1943 年，这种被称为"M1943 作战夹克"的军服诞生了，随后就开始大量配发美军使用。太平洋战场上的士兵首先接收了 M1943 夏季作战服，当时作战区域指挥官有权让士兵将袖子卷起来和打开衣领。但是还是有很多美军士兵选择把袖子撕掉。

本着通用性的宗旨，准确说 M1943 并非一件单独的军服，而是一个在当时看来比较完善的军服体系，包括橄榄绿色棉缎面料野战风衣、保暖内胆、毛衣、长裤、雨披、野战帽、军靴等多个部分。

■ 军服组成

美军 M1943 军服体系作为一种比较完善的体系，其中上衣带有四个贴袋、单排扣，好处就是能够让士兵携带更多的粮食和私人物品，比如香烟、火柴；配套的是适合野外作战的长裤。同时采用"分层着装"的全新设计理论，配发可拆卸的绒毛织物衬里、高帮褐色系带作战靴，这种加厚分层系统使得制服在寒冷的冬天更加实用。

知识链接 >>

M1943军服体系的问世，其重大意义在于，创造了最早的、较为完整的防寒分层体系理论，为日后美军的"扩展型寒冷气候士兵着装系统"提供了良好的理论与实践基础，推动了现代军服的发展。"现代军服的祖师爷"这个称号，它当之无愧。

▲ 美军 M1943 作战夹克

美国男式陆军绿色常服（美国）

■ 简要介绍

美国男式陆军绿色常服是供所有男性军官全年穿着的制式服装，分 A 类与 B 类两种。除因工作性质而需要着工作服外，A 类和 B 类陆军绿色常服是日常穿着的军装，所有男军官不论在值班时，还是下班后或外出旅行时，均可随意穿着。A 类与 B 类的选择主要取决于气候条件，要执行的任务以及场合的正式程度。

■ 主要组成

美国 A 类陆军绿色军装由陆军绿色上衣和裤子、一件长袖或短袖陆军绿色衬衫，以及一条黑色活结领带组成。B 类陆军绿色常服则包括：绿色长裤和长袖或短袖衬衫。穿长袖衬衫一定要戴领带。短袖衬衫的衣领为可换式的，穿着时可戴或不戴领带。不论穿哪一种衬衫，都应将下摆扎于裤内，使衬衫的对襟缝、长裤的门襟缝和皮带的扣环右沿连成一条直线。

与常服配用的军帽共有三种：大檐帽、船形帽和贝雷帽。大檐帽采用标准设计，军官们也可以戴有活帽面的这种军帽。在穿着 A 类军装时，除在旅行途中，以及派往规定带制式贝雷帽的单位和空中突击部队时外，均应戴此大檐帽；在穿着 B 类军装时，则可戴可不戴。

▲ 美国男式陆军绿色常服（右）

■ 外观特征

美国男式陆军绿色常服的上衣为单排扣，尖翻领式，翻领向下延至对襟交叉处，使胸部与肩部都很贴身并使前后身略呈悬挂效果。在腰部随体形稍收拢，既不过紧也不致明显外翘。将级军官的每个袖口上方有一道黑色的马海毛或丝光棉饰带，其宽度为 3.8 厘米，其底沿距袖口 7.6 厘米。其他级别军官的袖口饰带材料及位置与将官服相同，只是饰带宽度为 1.9 厘米。

知识链接 >>

　　美国陆军绿色常服、黑色礼服的右袖口会有一些短横线，每条代表在海外服役半年。陆军右袖口的短斜线每条代表服役 3 年；海军和陆战队是长斜线，每条代表服役 4 年。

▲ 美国陆军绿色常服

美国空军 MA-1 飞行夹克（美国）

■ 简要介绍

美国空军 MA-1 飞行夹克，是由著名飞行夹克、军服制造商阿尔法工业公司于20世纪50年代初设计生产的一款具有划时代意义的军服。自从 1955 年初代 MA-1 飞行夹克正式列装美国空军，直到 1977 年才被后来的 CWU-45P 夹克所替代，堪称服役时间最长的空军军服之一。

■ 设计过程

早在二战期间，美军已经意识到了尼龙材质夹克的重要性，但苦于生产技术复杂、成本高昂等因素，故新型尼龙材料飞行夹克并未得到广泛应用。因此在二战期间，皮质仍是飞行夹克的主流。

二战后，伴随着喷气式战机的逐渐普及，飞行员需要到更高的空域作战。为此，20世纪 50 年代初，美国军方急需大批的尼龙材质飞行夹克，以其更加舒适、耐用的特性，来适应高空中各种气候变化。于是，美国国防部要求著名飞行夹克、军服制造商阿尔法工业公司生产这种新型飞行夹克。

1955 年，初代 MA-1 飞行夹克正式列装美国空军，军方编号为 SPEC:MIL-J-8279，直到 1977 年才被后来的 CWU-45P 夹克替代。

凭借帅气的造型，以及在各类影视作品中的不断渗透，MA-1 飞行夹克在诞生后的几十年中，早已成为军迷、潮人、艺术家等各路人群衣橱中必不可少的单品。作为历史上最经典的军服之一，MA-1 对众多时装的设计与发展，更是起到了深远的影响，并流行至今。就连美国总统克林顿，也同样对 MA-1 飞行夹克热爱有加，经常看到他穿着这件夹克的照片。

■ 军服特色

MA-1 采用了针织领，由毛线织成的衣领可以紧贴在脖子上，很暖和，还不会妨碍飞行员戴头盔和穿用伞具。袖口和衣服的下摆也是针织物收口的，由于里面都织有弹性纤维，所以弹性很好且很耐用，针织袖口可以紧缩在手腕上，防止风从袖口灌进。MA-1 实际上是春、秋、冬三季夹克。在地面时，拉开拉链，身体内多余的热量可以很快排走；升空后，拉上拉链，立即可以保暖。

▲ 美国空军 MA-1 飞行夹克

知识链接 >>

　　MA-1 采用美国杜邦公司开发的 66 飞行尼龙，这是一种专门用在飞行和航空方面的材料。由于它的密度很高所以防风防水，当雨滴落在衣服表面时不会立即渗透，而是会形成一个小水滴滑落。这一性能，适应了现代喷气机技术发展的要求。假设飞行员在上飞机前淋了雨，他带着满身雨水进入机舱。当进入高空高速飞行时，在没有环境控制系统的座舱里，水滴就会结成冰冻在飞行员身上。这就是尼龙夹克取代皮夹克的原因之一。

美国男式陆军蓝色军装（美国）

■ 简要介绍

美国男式陆军蓝色军装是男军官可在全年穿着的服装。所有的军官都要备有陆军蓝色军装，以便适当场合穿用；只有处于后备状态和服现役不足 6 个月的后备役军官，才可自行决定是否选购这种服装。

■ 设计由来

美国陆军军官的绿色常服从 1954 年开始着装，一直是美国陆军的统一军服。至 2015 年 9 月 30 日，历经 61 年。

长期以来，美国海军陆战队漂亮的蓝色军服让陆军士兵艳羡不已，年轻的海军陆战队队员们也乐意掏 300 多美元买一套蓝色军服。从 20 世纪 80 年代开始的近几十年来，美国陆军一直希望能换掉身上的绿色"A 级"军装，他们抱怨绿色的上装加裤子配上浅棕色的衬衣和领带，像公共汽车司机的打扮。士兵们希望也能换上蓝色新款军服，衬衫和领带的设计也要适当改变。因此，不少陆军机构为争取让士兵们换上蓝色"A 级"军服而努力。

1999 年，美国陆军以非官方的方式提出更换军服计划。新款蓝色"A 级"军服基于 19 世纪军服的样式来设计，不过由于士兵们要自掏腰包购买这种蓝色军服，且未强制推行，所以很多部队并未更换。但从 2000 年开始，所有部队将不再发放绿色军服，而改发蓝色军服。这样，在 2011 年之前所有士兵都拥有了蓝色军服，2015 年 9 月 30 日全部换装完毕。

从此，美国陆军蓝色军装可供军官在下班后参加一般的或正式的社交活动时穿着，或按照当地指挥官的规定在值班时穿着，也可由本人决定在其他适当场合穿着。

■ 组成搭配

从 2015 年 10 月 1 日开始，美国陆军平时制服全部改为蓝色基调，在此之前的美国男式陆军蓝色军装由深蓝色上衣、深蓝或浅蓝色长裤，以及一件白色翻领长袖衬衫组成。穿此套服装时，应配穿黑色牛津式皮鞋，当配以黑色活结式领带时，可视为普通军服，当配以黑色蝴蝶结领带时，则视为礼服，相当于民间的男式"小夜礼服"。

▲ 美国男式陆军蓝色军服

知识链接 >>

2018 年 11 月 11 日，美国陆军却再次宣布，他们将采用一种标志性的制服——"绿色军服"作为他们的新一代陆军军装；因为这是二战期间美国"最伟大的一代"所穿的制服。从此，这种古老的绿色军服将正式成为士兵的日常工作服装，而目前正在使用的蓝色制服，将被作为特殊场合的正装穿着。

美国陆军军官晚宴服、晚礼服（美国）

■ 简要介绍

军礼服是军人在参加重大礼仪活动（盛大节日、阅兵典礼、迎送贵宾等）时穿着的服装，多数国家只配发给军官。美国是世界上军队礼服式样最多的国家，共有 10 多种礼服；其中最有代表性的是美国陆军的晚宴、晚礼服，也称夜礼服。

■ 设计由来

宴会服也叫小礼服，属于礼服类，主要是在一般礼服的基础上配用相应的装饰物品。宴会服主要来源于西方国家传统流行的民用小礼服。民用小礼服也叫晚宴礼服，主要是参加晚上 6 时以后举行的晚宴、音乐会、剧院演出等活动穿着，一般为全白色或黑色西装上衣，衣领镶有缎面，腰间仅一粒纽扣，下衣为配有缎带或丝腰带的黑裤，系黑色领带，穿黑皮鞋。

当美国军服逐步完善之后，也专门为军官们配发了军礼服。它们用料讲究，多用纯毛或毛涤混纺织物，制作精细。其主要特点是庄严、美观、色彩鲜艳、军阶标志鲜明、装饰注重民族风格等。还有仪仗队、军乐团礼宾及演出服。参加宴会时的制式军服，称为军人宴会服。而其中比较有代表性的，就是陆军的晚礼服。

▲ 美国陆军军官晚宴服、晚礼服

■ 组成部分

美军的夜礼服比较讲究，军官的晚宴服、晚礼服有专用的配套用品：斗篷、衬衫、纽扣、袖链扣和袖饰扣、宽边腰带、手套、黑色礼服用提包、领花、领带、皮鞋、袜子等。穿着场合为：出席官方举办的正式晚会、招待会、舞会时穿礼服；出席宴会时须穿着晚宴服。夜礼服除分男女式外，还因军衔、季节等有不同的款式。

美国陆军军官晚宴服、晚礼服

知识链接 >>

美国陆军除白色晚礼服上衣外，还有一种蓝色晚礼服上衣，袖子上须带兵种章；白色晚宴服、晚礼服则不带兵种章；将官无兵种袖带。其军帽和队列礼服相同。蓝色晚礼服、晚宴服和队列礼服通用蓝色配黄色裤线礼服裤；白色礼服有专用黑色配灰色裤线礼服裤。

美国海军常服（美国）

■ 简要介绍

　　美国海军常服没有花里胡哨的配饰，整体大方稳重。从设计诞生之初，也很少作出重大调整。其主要颜色为黑、白和卡其色，礼服分A、B、C三型；常服为A、C两种型号。

■ 设计历程

　　美国海军在20世纪初建立，从无到有，从弱到强，历经了美国独立战争、南美战争、世界大战的洗礼与磨炼。伴随着这段艰辛历史，也涌现出众多海军服饰，这无疑也留下了浓墨重彩的一笔。

　　美国海军常服相较于陆军和海军陆战队而言，体现出比较简洁的特色。军事服装坚挺的版型，功能性的发挥，以及所用布料的考究，都是对服装极致的追求。比如N-1夹克，它作为一款1942年开发的经典美国海军服，凭借其紧密编织的棉质外层以及羊驼毛里衬，克服了种种海上的苛刻气候；作为美国海军军用外套，直到20世纪60年代末期才退役，可以说是服役最久的军用夹克。

▲ 美国海军冬常服

■ 礼服外观

　　常服分A型和C型两种，式样和礼服A、C相同。A型是黑色西装式，军衔设在袖子上。这种常服是日常出席除战斗、训练以外的日常办公场合使用的制服。它带有部分礼服性质，但是不能完全代替礼服的功能。常服C型则是黄卡其色衬衣式，分长袖和短袖，配同色系领带和大檐帽，颜色样式与陆军很像。

知识链接 >>

美国海军的正式礼服为白色立领上衣加肩章军衔，分 A、B、C 型三种：A 型礼服配勋表，一般不加其他挂饰，比较常用于出席正式军队社交场合；B 型礼服须配大勋章和所有挂饰，并加佩剑和绶带，最隆重场合才用；C 型礼服是白色衬衣式制服，根据舰队所处的地理位置和温度使用，一般只使用勋略表，但是可以根据情况使用满徽饰和配剑、绶带。

▲ 美国海军迷彩服

美国空军军服（美国）

■ 简要介绍

美国空军军服分为礼服、常服、作训服、作战服等几种。其中礼服、常服除夜礼服外，样式基本与陆军相同，常服分蓝、白两种，但没有陆军的团队章、荣誉部队章、部队臂章等"小饰物"，也无兵种区分，很是简洁。只是飞行员的服装具有自己的特色。

■ 连体设计

飞行员（宇航员）的服装都是连体服，这种衣服学名叫"抗荷服"，即防止飞行员在空中受到重力负荷。战斗机飞行速度很快，因此，飞行员在执行各种任务的时候需要承受很高的过载。而人类身体机构往往会因为过载过大，造成头部缺血的后果，进而出现中心视力丧失的情况。这一情况对飞行员以及战斗机而言都是极其不安全的。相关数据显示，在 1990 年至 1997 年间，美国空军就因为飞行员出现中心视力丧失的原因折损 12 架 F-16 战机。针对这一情况，能够有效降低过载，保证飞行员身体状况稳定的抗荷飞行服应运而生。这是专门对空军飞行员设计的作战服装，内部安装有气囊。这些气囊与战机气泵相连，在飞机产生过载时，气泵就会向气囊内充气从而限制血液的大量流动，使血液保持在平稳状态，进而降低中心视力丧失现象的产生频率，保证了飞行员与战机的整体安全。

■ 拉链设计

飞行员的作训服无扣子设计，主要有两个方面的原因：首先是穿着方便，可以节省很多时间；其次出于安全角度考虑。1950 年，北约国家举行了一场军事演习，当时一位美国飞行员身着纽扣飞行服，执行飞行任务时一颗纽扣突然掉在了仪器盘里。短短数秒，这架飞机就坠毁燃起了大火，这位飞行员也不幸牺牲。这场教训使美国将飞行员军服都换成了一体拉链式服装。

▲ 美国空军军服

知识链接 >>

空军飞行员的连体服中填充有气体，以避免飞行员在高空飞行中出现血液向下半身流动的这一危险情况，被空军战士形象地称为锁血技能，其原理与我们在测量血压时医生给血压计气囊充气，手臂血管受到气囊挤压而出现血液流通不畅的原理相同。

▲ 空军军官所穿的现役军服

U.S. DESERT ARMY SHOES

美军沙漠军鞋（美国）

■ 简要介绍

美军沙漠军鞋是 20 世纪 90 年代初海湾战争时，针对之前的丛林鞋不能适应炎热的中东地区沙漠气候而给官兵带来很大困扰，而由指挥官施瓦茨科普夫将军强烈建议并且亲自设计的。这种军鞋的做工和面料透气性十分出色。

■ 设计由来

二战后，美军在世界各地作战，其军鞋的研究也在不断进行。例如在越南战场上，传统的全牛皮作战靴让美国大兵吃尽了苦头：又笨重，透气性又差，还容易滑倒。于是美军研制了热带靴，用防潮尼龙和皮革制成，带有两个透气孔，靴底的条纹设计较易清除沾上的泥土，还在鞋底装有一片钢板，以防靴子被竹扦子扎穿。

而到了 1991 年的海湾战争时，仍有许多美军士兵穿着这种丛林鞋。但一到了中东的沙漠上，由于鞋底的钢片以及前后部分覆盖有黑色皮革，造成鞋子吸热太快，使士兵好像踏入火堆中一般。加之丛林鞋在侧面上的两个透气孔常常灌入沙子，令人非常不舒服。

这不仅令普通士兵难以忍受，指挥官施瓦茨科普夫将军也身受其害。他强烈要求美国军方着手研究专用的军用沙漠战斗靴。补给官交来的多种样鞋都不能令他满意，于是在百忙中他抽空自行设计，并在沙漠中试穿，最后测试满意了，这才交给厂商生产。经过层层选拔和严苛的测试最终定型。就这样，世界上第一款适合沙漠作战的现代战靴诞生了。

■ 结构性能

沙漠军鞋的外形与设计思路在很大程度上延续了丛林战斗靴的款式，与之不同的是，它采用了沙漠黄色的翻毛皮革鞋面、尼龙鞋帮、尼龙鞋带与加厚的鞋底。还采用毛呢内底，具有轻便、稳定、透气性好的特点，且鞋带容易绑扎，能防沙粒钻入，不需擦油，对脚踝有特别保护作用，而且还有一定的防雷能力。

▲ 美军沙漠军鞋

知识链接 >>

德国"铁血宰相"俾斯麦曾说过："军靴的样子和行军时的脚步声，是军队的有力武器。"对士兵来说，一双合适的军靴是其重要的装备之一，军靴不仅可以保证其长距离行军，而且还可以有效防止战壕足这类疾病的发生。除陆军地面穿着的外，还有飞行员的飞行鞋、伞兵用的跳伞军鞋、两栖部队的蛙人鞋、寒带部队用的雪地鞋、山地部队的高山用军鞋、特种勤务用的战斗鞋等，种类甚多。

美国空军 ABU 系列作战服（美国）

■ 简要介绍

ABU 即 Airman Battle Uniform 的缩写，就是"空军作战服"。它是美国空军装备部自 2001 年开始设计，并于 2006 年研制成功的最新技术的迷彩空军作战军服。自 2007 年度开始配发所有空军部队。除了新式迷彩图案之外，ABU 的具体改变是通过研究并在美国空军人员调查后作出的决定。

■ 设计历程

自从 2001 年美国海军陆战队率先换装丛林数码迷彩的多用途战斗服后，美国空军就开始着手设计自己专属的迷彩。经过不断选样和设计，2004 年开始测试虎斑图案的蓝色迷彩。但因为参与测试部队不佳的反响，这一设计方案被推翻。取而代之的是有特色的美国空军图案，其中包括暗蓝灰色色度加上叶绿色、沙漠色和城市灰色。图案是不规则的，"数码"类似海军陆战队的 MARPAT 和陆军 ACU，但是其基础是越战时期的不规则虎斑图案。

2005 年，美国陆军公布了新的 ACU 计划，空军的设计团队似乎从中得到了灵感，并很快于 2006 年公布了自己的数码迷彩计划。自 2007 年度开始配发所有空军部队。

在 2007 年晚些时候给部署到伊拉克、阿富汗或科威特的空军人员配发了 ABUs。新兵在 2007 年 10 月配发了 ABU。空军作战服的强制装备日期为 2011 年 10 月 1 日，也是在林地迷彩作战服（BDU）和沙漠迷彩作战服（DCU）不再批准使用后。

■ 结构特色

最先推出的 ABU 军服，版型上仍采用与四色丛林迷彩、三色 DCU 相同的设计。但配章方面取消了原有的胸口单位胸章，使用灰色底色，空军深蓝色图案的军衔、技能（勤务）章，与衣服同色的 ABU 迷彩军种、姓名胸条。所有配章都采用车线固定，而且其上衣的正面有 4 个口袋，左前臂有 1 个小笔袋，小腿有 2 个口袋。另外，在侧袋和胸袋内部设置了较小的缝织口袋可放置小工具。

知识链接 >>

美国空军的 ABU 作战服在尺
码方面独树一帜，采用与常服一致的尺
码，根据军人身长、胸围、腰围、腿长等细
分达数十个号型，是所有军种中尺码最多
的。另外 ABU 系列空军服是一套服装，
主要包括：ABU 作战服、高泰克斯面
料冲锋衣及配套抓绒衣、雨衣、巡
逻帽、圆边帽、灰绿色军靴等。

▲ 美国空军 ABU 系列作战服

U.S. DRAGON SKIN ARMOR

美军"龙鳞甲"防弹衣（美国）

■ 简要介绍

　　"龙鳞甲"是美国尖峰装甲公司最新推出的一种防弹衣，由小块的陶瓷防弹瓦和新型的防弹纤维编织成鱼鳞状的防护甲，类似中世纪的鳞甲而得名。龙鳞甲的防弹性能在四级以上，以其灵活性、防护区和防护力综合进行评比，世界上没有其他产品能与之媲美。

■ 研制历程

　　世界各国的军用盔甲，多使用钛合金和陶瓷等不同材料的防弹瓦，防护力上也有区别。在美国，防弹衣按其可防御的枪弹种类和不同用途分为六种防护等级，其中Ⅳ级最高，为单兵防弹衣的最高级别，是专为高风险作战环境而设计的。而钛合金可达Ⅲ级，陶瓷片则达到了Ⅳ级。

　　而作为致力于军用盔甲研制的尖峰公司，最新采用"龙鳞甲"技术——可根据使用者的要求任意定制，推出了 SOV-1000 和 SOV-2000 两款主要产品，前者为钛合金，后者为陶瓷防弹瓦。

▲ 美军"龙鳞甲"防弹衣

■ 结构组成

　　最新的"龙鳞甲"防弹衣是由小块陶瓷防弹瓦和新型防弹纤维编织成的鱼鳞状防护甲，采用全新技术后，使防弹衣产品按需裁剪、搭配。譬如，可以要求防弹衣整个正面、背面和侧面全部使用防护力达Ⅲ级的钛合金防弹瓦或者防护力到Ⅳ级的陶瓷防弹瓦，也可以要求正面使用陶瓷防弹瓦，背面和侧面则只用钛合金。这样不仅十分合体，而且重量大大减轻，便于士兵行动。

美军"龙鳞甲"防弹衣

知识链接 >>

据资料显示，龙鳞甲被 7.62 毫米标准军用弹在 6 米击中 40 次，都不会被击穿，并且还可以挡住 7.62 毫米钢芯穿甲弹；9 毫米微型冲锋枪对它根本没效果；就连美军的标准作战手雷在零距离上也只能炸开它的尼龙层，内部无法炸开。可以说，装备了"龙鳞甲"后，世界上大部分的步枪、冲锋枪就会变得毫无用处。

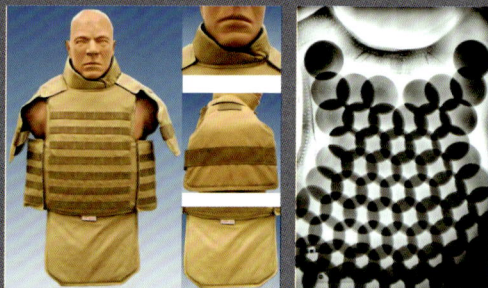

U.S. ARMY COMBAT UNIFORMS

美军 ACU 数字迷彩通用战斗服（美国）

■ 简要介绍

ACU 数字迷彩通用战斗服是美国陆军与陆军纳蒂克研究中心 2004 年共同研制出来的，以绿色、灰色及灰绿色的细小方形组成大小不一和不规则的重叠图案，设计主要针对丛林、沙漠及城市地区和抗扰夜视器材。

■ 研制历程

二战期间，德军首先研制了一种三色迷彩服，能够以颜色中的特殊化学物质反射红外光波与自然景物能力大致相似，从而具有防侦察能力。但未来得及推广二战就结束了。

但是，许多国家借鉴了德国的多色迷彩，研制出了各式各样的三色、四色或六色迷彩作训练制服，并陆续装备于部队。军用迷彩服就像"精灵斗篷"一样能有效隐藏士兵，对经常进行野战的单位尤为重要。

其中美国为军队研制出了丛林战斗服 BDU、沙漠战斗服 DCU，一直使用多年。到了 21 世纪初，美国陆军与陆军纳蒂克研究中心开始采用数字迷彩图案，推出了一款 ACU 通用战斗服。

■ 结构性能

ACU 迷彩服分丛林迷彩、沙漠迷彩、山地迷彩和城市迷彩等不同种类。上衣为 4 口袋式，在左边上斜口袋及两肩的口袋，口袋盖采用暗藏式魔术贴，衣领设计可作企领，手肘位置增加可拆式保护垫。军阶和名字等布章同样采用魔术贴形式，背部肩膀位加有折位，提高士兵动作灵活性。裤子为 7 口袋式，分别为左右前后裤袋及大脾袋。大脾袋口增加松紧带和采用风琴式及暗藏式魔术贴制法，可使单兵能摆放多一些物品，在膝盖位增加可拆式保护垫。

▲ 美军 ACU 数字迷彩通用战斗服

ACU 数字迷彩通用战斗服所用布料，不仅有纯棉、棉纶混纺、尼龙等，而且融入了"类视错觉图案"及"环境光反射"等多项技术，无论处于什么样的环境，都能让穿着者与环境色、环境物体形状达到最佳的融合状态，将人类迷彩服发展进程向前推进了一大步，因此很多人赞美其为"隐身迷彩"与"变色迷彩"。

▲ 美军 ACU 数字迷彩通用战斗服

U.S. MILITARY CHEMICAL PROTECTIVE CLOTHING

美国军用防化服（美国）

■ 简要介绍

防化服又称防毒服、防毒衣，是用于防止化学毒剂、生物战剂、放射性灰尘等通过皮肤引起伤害的个人防护器材的简称，也有称为核生化（NBC）防护服。在2003年伊拉克战争期间，美军担心伊军会突然实施生化战，因此，几乎每天都在使用防护生化武器的新"盔甲"、新型防化服成了美军"护身符"。主要有两种，一种是联合部队轻型一体化服装技术防化服，还有一种是战斗服外套防化服，一直处于世界领先地位。

■ 性能特点

美军使用的防化服，只有2.63千克，主要分成两大部分：上衣和裤子。其中，裤子有几个口袋，高腰，背带可以调节，腰带也可根据士兵特殊情况进行调整。防化服使用了防水材料，以伪装色制作。整个防化服分成内外两层，其中，外层为森林颜色，原料为尼龙和棉布；内层为沙漠颜色，使用无纺材料，还用了活性炭对付生化毒气。

防化服可以长时间穿用，最长时间可达45天。由于使用特殊的防化材料，防化服最多只能洗涤6次。如果长期使用，防化材料需要进行更新。一旦进入战场，它可以为士兵提供长达24小时的防护，防止生化武器袭击，包括对付液体和气体的生物或化学毒气。一般来说，新型防化服一旦出厂，可以存放5年，整个使用寿命为15年。

■ 主要分类

防化服通常分为隔绝式和透气式两类。隔绝式的称为防毒衣，用于在严重受污染区内执行专业保障的人员使用，如防化专业分队和其他特种部队装备的防毒衣。透气式的称为防毒服，则装备于合成军战斗部队，除具有核、生、化防护性能之外，一般还兼具有伪装、防火阻燃、防水、透气、散热等功能，既可作为防护服穿着，又可作为战斗服使用。

▲ 美国军用防化服

俄罗斯帝国军服（俄罗斯）

■ 简要介绍

俄罗斯很重视历史传承，俄罗斯帝国的军服传统，苏联军队基本上传承了下来，整体不变，局部革新。俄罗斯帝国军官军服，从正面看过去，皮革带较多。当时的武装带是双带式，再加上手枪套带、望远镜带、地图包带，所以这也正常。其肩章有粉色款式，上面有皇冠和象征符号。苏联时期，取消了以上样式，但肩章的造型样式和尺寸大小，却在二战后期恢复了。

■ 历史演进

开创沙皇俄国历史的彼得大帝是第一位注意到军人服装的君主，当时的军队统一制服就是由他钦定的——以欧洲古老的萨克森公国的制服为蓝本，上装为墨绿色长襟大衣，内装搭配的是红色的坎肩，下装配马裤、长筒袜和低帮皮鞋，还有一顶三角帽。这套服装成为俄国历史上第一套正式的军服，并成为后来的俄国军服配色的范本。

彼得大帝的儿媳妇叶卡捷琳娜二世和自己的公公一样是俄国历史上著名的君主，对军服的设计风格也颇为一致，叶卡捷琳娜统治时期，俄国军队的服装更具有实用性和俄罗斯民族风格。

然而叶卡捷琳娜二世的儿子保罗一世却很叛逆，他一登基就颁布命令按照普鲁士风格重新制作军服，还硬性规定军人要戴假发、梳辫子。

保罗一世的继任者亚历山大一世将新制服设计成了法国军服的样式。于是具有俄国传统风格的三角帽换成了圆筒帽、低帮皮鞋换成了马靴、长上衣变成了类似燕尾服的短上衣。

■ 军服特点

俄罗斯帝国的骑兵，在军帽的帽墙上采用了橙色，肩章采用了金色。俄罗斯帝国军人，喜欢把军用毛毯斜背。当然，折叠成长方形背在身后，这比较美观，但不方便实用。俄罗斯帝国军服，还有白色外衣和蓝色裤子搭配的款式，另外士兵的裤子还有颜色条纹带。到了苏联时期，前者取消，后者则在高级指挥员中保留。俄罗斯帝国军队使用的是莫辛那干步枪，该枪为栓动步枪，所以军服的皮带上，装有皮革制的弹药盒。

知识链接 >>

　　亚历山大三世在 1881 年登上皇位后，开展了一场"复古运动"，彼时俄国已经十分强大，军服的设计也开始回归俄罗斯传统民族服装的样式。最具特色的一点是，新式军服上没有任何扣子。这样既简洁又方便实用，还能增加隐蔽性。这套军服固然实用，但美观性就打了折扣。按理说这也不是什么大事，然而一些军官因为制服不好看愤而辞职。

苏联红军二战军服 （苏联）

■ 简要介绍

　　二战时期的苏联军服，经历了1918年时的简陋，1922年的改革成型，1935年以及1941年苏德战争时期的演变，可以说是一个不断变化的过程，这也反映了不同时期适应战场环境变化的军服发展。

■ 演变过程

　　从苏联成立直到1920年代末，由于白军的不断围攻，红军不得不在一定程度上依靠沙俄军队遗留的军用物资，军服仅仅是取下了沙俄的军徽和军衔标记。从1918年7月起，红军开始统一佩戴制式的"红星"帽徽和兵种领章，第一代的识别标志十分简陋，只是按佩戴在军帽前端和军服领口上的小块呢料的不同颜色来区分兵种。

　　1922年，红军开始发放统一的新式军服，修订了军人等级。1935年12月，苏军开始使用新的军衔领章、袖章等军衔识别标志，以不同数量的五角星、菱形、长方形、正方形和三角形符号来区分军衔，这就是苏军二战时使用最广泛的1935型军服。

　　1941年苏德战争爆发之前，苏军的军衔制度又经历了若干次变化，换用新式领章和袖章，形成包括常服、军便服、野战服和专业工作服等若干粗略分类。1941年卫国战争开始到1943年年初，红军军服的军衔和军兵种区别主要通过领章颜色体现。由于识别标志上大量采用了醒目的红色、金黄色，金属符号又容易反光不利于隐蔽和保密，所以在1942年年初，前线野战部队不论是何兵种，领章都改为橄榄绿色，同时取消了领章上的兵种符号和指挥员、政工人员的袖章。

■ 外观特征

　　苏联红军步兵的代表军服为1935型，士官、士兵的夏装上衣为小翻领、束袖、套头式短军便服，颜色为棕绿色，有两个胸袋，下摆无口袋；下身着马裤，材质都是卡其布，颜色从黄棕色到深棕褐色，这些成为二战中苏联军装的主色调。

▲ 苏联红军的经典   ▲ 展示缴获德军武器的苏联红军
军装

知识链接 >>

　　红军中有一个特殊的分支是内
务人民委员部指挥的内务部队，初期主
要负责保卫边境安全和警卫。内务部队的军服
区别主要体现在军帽上，大檐帽帽瓦为代表
其兵种的绿色，帽墙为蓝色；警卫部队帽
瓦为浅蓝色，帽墙为黑色或暗红色。

SOVIET VICTORY DRESS

苏联胜利礼服（苏联）

■ 简要介绍

苏联胜利礼服俗称"沙皇绿"。为了庆祝第二次世界大战的胜利，于1945年6月24日在莫斯科红场举行作战部队、海军部队、莫斯科卫戍部队胜利阅兵式。为此专门制作了"胜利礼服"。当时这场阅兵出现的胜利礼服，在世界军服史上留下了浓重的一笔。

■ 设计过程

1945年5月9日，德国法西斯在无条件投降书上签字。斯大林指示苏军总参谋部立即考虑举行一次胜利大阅兵，要求所有方面军和所有兵种的代表都要参加。5月24日，总参谋部在向斯大林汇报大阅兵的参与成员、仪式和准备时间等情况时表示，为筹备这次规模宏大的阅兵，大约需要缝制4万套阅兵礼服，这大概需要两个月的时间，因此建议两个月后举行阅兵式。斯大林则指示，阅兵的一切准备工作必须在一个月内完成。

苏军总参谋部在制定的阅兵实施方案中要求，参加阅兵式的人员应从在战斗中表现最为突出并获得过战功奖章的官兵中选拔；各方面军司令和空军、装甲兵的全体集团军指挥员都必须参加阅兵式。因此当时参加胜利阅兵式的队伍，是各方面军混成团、国防委员会混成团、海军混成团、各军事院校及莫斯科卫戍部队混成团。

出席阅兵式的元帅和将军们的军服套装都是专门定制的，每个人都要测量20次。为了这批礼服，苏军总参谋部不得不紧急组织，除军需工厂外，还动员了当时莫斯科最好的一些服装店来加工。

■ 礼服组成

苏联"胜利礼服"由于本是1943年定型的军服中的一部分，采用的绿色与之前苏军军装不同，而是类似于沙皇时代军服的颜色，因此被人们称为"沙皇绿"。并且它是套装，包括：带肩章的毛料阅兵服、马裤、阅兵腰带、带跟长靴、刀鞘里的兵刃、阅兵军帽等。配饰则有各种勋章、奖章。

苏联胜利礼服

1945年6月24日上午10时，红场胜利大阅兵在雨中开始。阅兵式长达两个小时，参加者有24名元帅、249名将军、2536名军官、31116名列兵和军士，军事技术装备超过1850件。在阅兵最后阶段，200名苏军老兵倒持卫国战争中缴获的200面纳粹军旗走过检阅台，最后把这些旗帜抛弃在列宁墓下，成为红场大阅兵的经典瞬间。

苏联大元帅礼服（苏联）

■ 简要介绍

苏联大元帅礼服是苏联后勤部长和军衔部部长专门为斯大林出席 1945 年莫斯科红场阅兵而特意设计制作的，但是被斯大林拒绝了，他生前从未穿过这件大元帅礼服。在他去世后，苏联政府为他穿上了这套服装。

■ 设计由来

1945 年 6 月，斯大林为创建苏维埃红军和指挥全国军民浴血奋战，终于夺取了反法西斯战争的伟大胜利，并使苏联一跃跻身于世界一流强国，因此获得苏联最高军衔"大元帅"。

有一天，苏军后勤部部长赫鲁列夫大将同军衔部部长德拉切夫上将来到克里姆林宫。赫鲁列夫大将先向苏共中央政治局的委员们进行了汇报，之后他请求在斯大林的办公室里，向在座的领导们展示一下新军服。当时，斯大林的情绪很好，他说："好吧，正好让总参谋部的同志也看一看。"

等在接待室里的德拉切夫上将身穿崭新的军服兴致勃勃地走了进来，斯大林朝他扫了一眼后，脸色马上阴沉下来。很明显，他已经猜到了，这是后勤部长和军衔部部长挖空心思，特意为他制作的大元帅军服。赫鲁列夫大将还没张口，斯大林就毫不客气地下了"逐客令"，把他俩打发走了。之后，当着众多中央政治局委员们的面，批评了这种盲目抬高他个人的做法。从此，再也没有人敢提大元帅服的事情了。而在阅兵式上，斯大林仍然穿着只佩戴元帅肩章的军服，特别设计的大元帅礼服他生前一直没有穿过。

■ 外观特征

苏联大元帅礼服的上衣是按库图佐夫时代的服装样式裁制的，海蓝色上衣，双排金黄色铜扣，衣领高耸，腰部为金色丝带；裤子是现代式样的，有金光闪闪的镶条。衣服各部分的材质分别为厚毛呢、呢绒、丝绸、纤维、黄铜、金银丝线、毛线、缎纹布。

WORLD OF TANKS

ПО МАШИНАМ

WARGAMING.NET
LET'S BATTLE

知识链接 >>

从大元帅服的肩章式样可以看出，这款肩章全面恢复了沙俄时代的风格，只不过部分标志换成了布尔什维克的罢了，很有可能就是这样触动了斯大林的神经——无产阶级的国家元首，怎么能用沙皇时代的设计呢？

▲ 苏联大元帅礼服

苏联 M69 式军服（苏联）

■ 简要介绍

几十年来，苏联和俄罗斯军队的军服，被公认为最威武、最笔挺、最漂亮的，是勃列日涅夫时代的 M69 式军服，又称"摩登"军服，最大的特色是大如锅盖的大檐帽，以及冬季羊羔皮高筒无檐帽。

■ 设计由来

俄国现代化军队的历史是伴随着套头衫的出现而开始的。这些干草黄色的衬衫式外套从沙俄时代就开始作为夏装配发给那些基层的士兵。这种制作工艺简单而产量巨大的服装虽然粗糙，但出奇结实和宽松，它紧扎的袖口和领口极其方便于劳动和战斗。

但到了一战、二战时，随着战争强度的增加，套头衫暴露出一个极为致命的缺陷：由于它的衣襟是闭合的，因此在躯干部位受伤的时候褪去衣物变成了一个极为繁杂的过程，卫生员们有时不得不把衣服剪开才能实施救护，而这个过程中有时虽然仅仅几秒的时间，却成了很多战士生命的终点。

因此，到了苏联军队巅峰时期的 1969 年，苏军进行的服装改革中作出了一个重大的改变：淘汰沿用了数十年的套头式军装，改用全新的开襟立翻领设计，于是产生了影响深远的 M69 式军服。

■ 外观特征

M69 式军服夏天以军绿色为主，红色为配色，冬天则为灰色长大衣。两者皆配以棕色腰带和手套；夏季是大檐帽，冬季则戴绒帽。胸前可佩戴所获勋章。这套军装由于颜色在沿袭了传统的干草黄色的同时又增添了别样的元素，因此在兵种领章的衬托下，军人伟岸挺拔的形象被彰显到了极致，宽大而又鲜艳的肩章上印着的 CA（直译为"苏联军队"）字样。

知识链接 >>

　　其实除了绿色，M69 还有蓝色常服、礼服。最有特色的如苏联 M69 海军上校常服，自 1969 年装备以来没有大的变化，一直装备到苏联解体。这套衣服的上衣和裤子均使用类似于将军的华达呢面料。袖章使用的是块状袖章（礼服是环绕半个袖子的条状袖章），用线缝在袖子上。肩章为黑底黄杠的丝织底板配黄色校官肩章星。

▲ 苏联 M69 式军服

NEW RUSSIAN UNIFORMES

俄军新式军服（俄罗斯）

■ 简要介绍

俄军新式军服是 2014 年开始配发的新一代单兵军服，正式名称为四季全套野战军服，全套野战军服包括工作服、作战训练服、春秋作战服、冬季保温服、速干运动衣、羊毛内衣、贴身短内衣、袜子、手套、围巾、头套。配备皮带和军鞋，甚至还配有拖鞋。

■ 设计历程

苏联解体以后，俄军一直沿用苏军军服，而且有十多年时间未能向官兵发放全套军装，有些官兵甚至没有常服和军礼服，平时只能穿野战的迷彩服，军容不整在俄军中已成为司空见惯的事。另外，俄罗斯很多执法部门也穿上了军装，一时间"大檐帽满街飞"成了俄罗斯的一大景观。因此，2005 年 5 月，俄军首次为全体官兵配发全套军服。

2007 年，谢尔久科夫出任国防部部长，大刀阔斧地进行了一系列改革，其中包括军服。2009 年，俄军聘请最著名的时装艺术设计大师瓦伦丁·尤达什金设计了一套新式军服，配发给所有俄罗斯武装部队，各军种各兵种总共有 85 款。但这套军服在基层部队使用后发现很不实用，士兵在冬天冷得发抖，夏天热得中暑。加之由于追求外观漂亮，面料质量也不好，很快就穿坏、褪色。于是 2012 年谢尔久科夫被解职，俄军废除了这套"漂亮军服"，于 2014 年推出了一套新系列军服。新军服克服了此前尤达什金在设计上的缺陷和面料选择问题，重点考虑实用和防寒，包括鞋子、贝雷帽、棉帽、头套等全都重新设计。

■ 外观特征

俄军这套新常服采用小翻领拉链收腰的夹克式风格。面料超过 60% 棉的混纺产品，腰带和棉帽毛绒以人造皮革取代真皮制造。而且它最大的特点就是魔术贴被大量应用，各式徽章可黏合在特定部位。

俄军这套新式军服非常昂贵，全套采购价格为 90 万卢布，按照 2017 军事年度的汇率，大约折合 10.8 万元人民币。按照当时全体俄军员额 100 万计算，这套新军服配发全军需要耗资 1000 亿人民币。这还仅仅是野战军服，还没有计算平时穿的冬夏常服和更加昂贵的军礼服。

▲ 俄军新式军服

俄罗斯海军礼服（俄罗斯）

■ 简要介绍

俄罗斯于 2018 年开始配发的海军礼服，是一种格外醒目的新式军服。因为其设计风格融合了很多苏联红海军和沙俄海军时期的特点，有一种古典之美。另外，这套制服的刺绣花纹中有黄金。

■ 演变过程

相比陆军军人来说，苏 / 俄海军官兵的服装式样变化要少得多，最近 100 年来最主要的变化发生在卫国战争胜利后不久。当年，苏联英雄、海军元帅尼古拉·库兹涅佐夫的阅兵照片还是立领上衣，到了 20 世纪 60 年代，制服上衣就变成了翻领式样。

由于海军军种的特殊性，海军官兵们的制服数量要比其他军人更多。因此，20 世纪 90 年代因为武装力量的预算经费不足，海军官兵很长时间都领不到新军装，只能在常服上面缝上金色肩章代替礼服使用。

海军军官的制服一直保留着久远的历史传统。虽然如今的礼服上衣比沙俄海军军官的双排扣、紧腰、长底襟常礼服要短一些，但是因为立领坚硬，看上去仍然与 100 多年前沙俄军舰上的海军官兵制服没有太大区别。最主要的是，颜色也永远是一成未变的白色和黑色，上面缀着金色的刺绣。与常服不同的是，海军的礼服上缀有金色肩章，这种式样即便在苏联解体后也一直保留下来。

■ 外观特征

俄罗斯海军礼服，实际上是 1945 年红场阅兵时受阅官兵们所穿的"胜利礼服"的复制品。它是一种带立领的海军蓝色单排扣上衣，领口缀有金色刺绣织成的历史题材的领章图案，图案呈长方形，四角凸起，类似于 19 世纪俄国近卫军军装的识别标志。将军的礼服上衣也带立领，缀以金色橄榄枝形领章，刺绣所用的丝线含金量达到 5%。而海军军官配发的领章则是海军传统的铁锚。

▲ 俄罗斯海军礼服

知识链接 >>

曾有军事专家认为，这套新礼服说明俄海军在制服问题上系最保守的部门之一。但著名军事专家弗拉基米尔·舒雷金却对此评论称："礼服是军装的特别表现形式，应该继承深厚的历史渊源。从外表上看，新式军装上衣带有明显的第一次胜利日阅兵的痕迹，这并不是偶然的，这是对传统的遵循。因此，它突出强调了部队代代相传的传统继承，提高了服兵役的荣誉感。新式军装将得到全社会的赞成。"

普鲁士军服（普鲁士）

■ 简要介绍

普鲁士军人对蓝色军服有着特殊的偏好，普鲁士在立国之初，几代国王都明白普鲁士所处的地域政治环境，把国家的现代化与军事化联系起来，通过军事的现代化来促进国家的现代化。伴随军国主义一同产生的，是相应的军国主义文化，例如对军队、军人、军装的崇拜。"普鲁士蓝"便是一道颇具特色的文化景观。

■ 国王偏好

18世纪时，普鲁士的国王们就喜欢穿军装。但是到了德意志第二帝国的末代皇帝威廉二世之时，穿军装之风才达到了登峰造极的地步。在威廉二世的皇宫里几乎只有他身着军服的肖像或照片，几乎找不到他穿其他服装的画像。威廉二世出席各种社交活动，也总是一身戎装。在各种庆典活动上，他也喜爱身着军礼服出现在人们面前。不仅国君如此，社会其他阶层亦然。帝国议会召开会议时，议员们常常同样身着戎装、腰挎佩剑走进会场，既一展其"飒爽英姿"，又显示出他的身份有别于平民出身的议员。

■ 风行全国

普鲁士立国后设立常备军，但是当时普鲁士国家的经济力量还颇为有限，普军的数量又很庞大，所以当时的普鲁士军人并非常年脱离生产专事训练，而是每年集训两个多月，其余的时间里，士兵们则离开兵营回到家中从事农业或其他生产活动。军队每年发给士兵们两套军服，而军人们为了节省衣服的开销，回到家中从事生产时依然身穿天蓝色的军服；而且那些退役的军人，也依旧穿着过去节省下来的军服，于是普鲁士大地上，人们放眼望去，看到的常常是一片蓝色的海洋。

▲ 普鲁士军服

知识链接 >>

东普鲁士有一个鞋匠福格特，化装成一个陆军上尉，在大街上命令一队巡逻兵随他到了科佩尼克市的市政府，下令逮捕了市长，抢劫了该市的金库。这个事件引起了巨大反响，多次被改编成文艺作品，例如德国剧作家卡尔·楚克迈尔的《科佩尼克的上尉》。

▲ 普鲁士军服

德军一战时期军服（德国

■ 简要介绍

德军一战时期的军服，是始自 1910 年为步兵引入的"原野灰"制服，这种制服非常实用和耐磨，而且宽松合身、穿着很舒适，所以很受广大官兵的喜爱，甚至到 1918 年战争结束时，都不需要进行什么大的修改。

■ 设计历程

1910 年，德军为步兵引入了原野灰制服，这种制服非常实用和耐磨。然后略加改动，便向所有步兵团配发了这种上衣，由八枚镍制纽扣系紧，在下摆附近配有两个带兜盖的口袋。军官制服上衣用的布料更为精细。

当时，德军试图打破堑壕战的僵局，投入了一支训练有素的志愿者部队，即所谓的"暴风突击队"。最初，突击队员们穿着原部队的制服，往往冲在全军最前方，因此不需要带背包（其大衣被包裹在帐篷帆布里，并系在身体上）。

1917 年 2 月，军方试图统一暴风突击队员的制服和徽标风格，以增强他们的荣誉感。当时，大多数突击队员都穿着自己原先部队的制服，有时会在制服上衣的胸部佩戴一枚小型金属徽章，或在衣袖上佩戴一枚非官方臂章。从 1918 年夏天起，他们还将一枚配有骷髅和交叉腿骨图案的徽章缝在了自己的左袖上。

暴风突击队的军服变化，也引发了陆军其他部队一些小小的变革。比如为了安全，军官们金色的制服纽扣涂成了黑色或灰色。

■ 外观特征

步兵的肩带通过一枚纽扣与制服上衣的肩部相连，肩带上的纽扣标有这名士兵所在部队名称或编号。士官上衣的领口和袖口处均配有饰边，其两侧衣领处各有一枚较大的纽扣，纽扣上绘有代表该士官所属邦国的纹章图案。军官佩戴的肩章使用了彩色底板，肩章本身采用银色的金属丝线交织而成，上面配有代表所属部队的番号或交织字母；另外，肩章上还有用来表示军衔等级的星形图案。

知识链接 >>

一战时德军军服总体来看，上衣有一条向下倾斜的衣领，上面配有一道或两道横杠；衣领和前襟处均配有红色滚边。根据所属步兵团不同，这些步兵制服上衣的袖口样式也各不相同；肩带的彩色滚边最初代表着佩戴者所属的步兵团，但后来统一改成了白色。另外，他们还戴着他们著名的尖顶盔。

▲ 德军一战时期军服

德军二战标准 36 型军服 （德国）

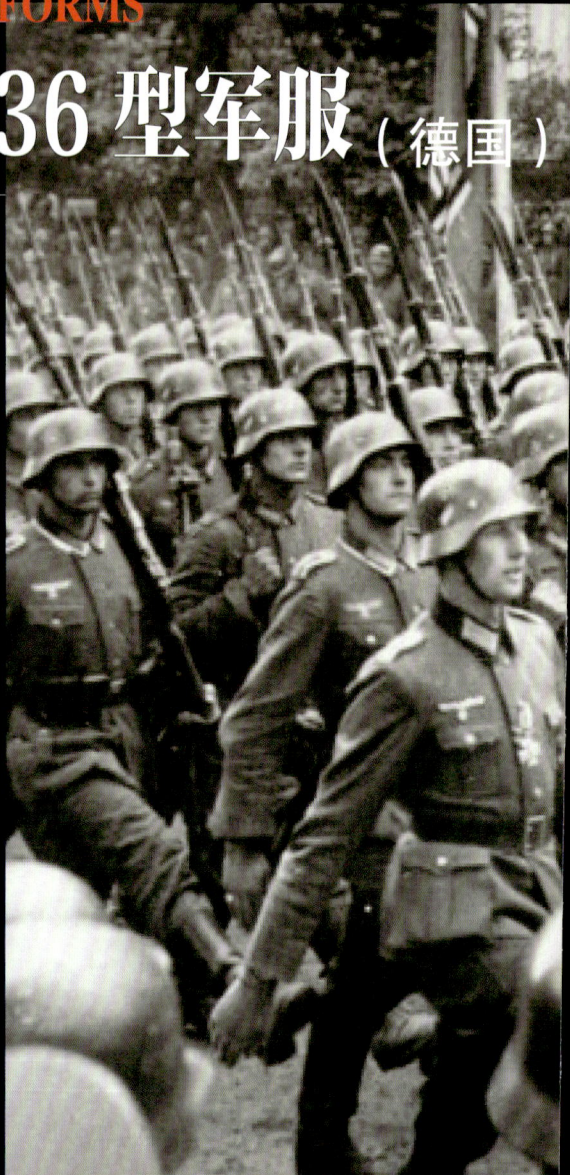

■ 简要介绍

迄今为止，德国二战的军服仍被称为史上最漂亮的军服，独具神韵的设计使德国军服庄重、神秘，具有征服感，也使士兵显得威武、帅气。其中最有代表性的，当属 36 型陆军野战服，又称标准 36 型军服。

■ 设计过程

在第二次世界大战中，德国军队分为国防军和党卫军两支军队。除了不同的任务外，军服的设计也有很大的差异。党卫军的军服被称为 M32 制服，一般都是黑色及白色，但仍以黑色为主。肩章在右侧佩戴，左侧没有肩章。这样的设计凸显了党卫军的特殊地位，制服的两只手臂颜色也不同。右臂是黑色的，左臂有点白。党卫军军服的黑色增加了一定的神秘感，然而，黑色的主色调过于醒目。

于是随着战争的临近，德军于 1936 年重新为军队设计野战服。德国有着严谨的工作作风，这不仅体现在其武器装备上，也体现在军服的设计上。希特勒在设计军服之前曾特别强调："军服的设计必须美观，以增加许多年轻人参军的热情。"于是，就诞生了 36 型陆军野战服，它经历了整个二战，成为德国标准的军服。

▲ 德军 36 型军服

■ 外观特征

标准 36 型陆军野战服的上衣为灰绿色，裤子是铁灰色，士兵穿黑色中长靴。陆军炮兵上尉的军官用野战服领子尖长，佩有其兵种色（正红）。后期的军官，如陆军参谋，系有黑色人造革官用皮带，黑色官用／准尉用长马靴。海军军服的不同在于其标准海军尖顶军官大檐帽，并且以帽檐花显示其军衔。

知识链接 >>

　　1923年，裁缝费迪南德开设了服装店，1931年，费迪南德加入了德军，随后他就取得了为国社党制作制服的合同。他设计的党卫军黑色制服，帽徽上的骷髅，右侧衣领上的SS标记，左臂的联邦之鹰，逐渐变成了恐怖和凶恶的同义词。

▲ 德军 36 型军服

德军的迷彩军服（德国）

■ 简要介绍

迷彩服在现代各国的军队里已属标配军服，并且随着科技的发展，各国都在色彩、图案、面料等方面加大对迷彩服的研制，以适应现代战争的需要。但是说到迷彩服用于军队作战，最先起源于二战时的德国军队。

■ 设计历程

在一战以前，各国士兵们穿的服装都是大红大紫，这样可以轻易识别敌我身份，但是到了第一次世界大战时，穿着红色外套的法国士兵几乎成了德国兵的活靶子，于是各国都开始配备土黄色和棕色的军服。但是，他们却仍然没有专门深入地研究军用服装的问题。

到了 20 世纪 30 年代，德国整军备战，一向在军事上领先的德国人开始研究这个问题，他们发现如果完全让士兵的衣服与周围环境融合，那将具有巨大优势，于是他们开始开发迷彩服。但是，迷彩服虽然看起来就是一块布片儿，开发起来却是非常不容易的，它涉及光学、医学、几何学等领域。

经过努力，1935 年德国党卫军开发出了破片式的迷彩服装，少量装备于部队。这种最早的迷彩服算不上"服"，它只是一种类似于披风的罩衫，把它套在军装外边，只是薄薄的一层布，这样不仅可以保护里边的军装不被轻易弄脏，又可以起到伪装作用。大约从 1941 年起，党卫军也开始装备迷彩服，其迷彩服从图案到色彩远比国防军服丰富，"悬铃木""椰子树""雾边""橡树叶""豌豆"等图案的迷彩服就成了党卫军的标志性服装。

■ 组成特征

真正意义上的国防军迷彩主要分为两种：一种是早期的破片迷彩，一种是水波纹迷彩。破片迷彩主要是破片＋雨点组合而成，有双重不对称的视觉马赛克干扰效果，若在相应色系环境的战场（一般是绿色系），可视距离低，效果较好，很适合作狙击、偷袭用。水波纹迷彩又叫沼泽迷彩，其底色为土黄色，上有大块不规则但较圆滑的草绿色和褐色色斑，饰以绿色细条纹，其伪装比较适合西欧阔叶林环境使用。

知识链接 >>

德军装备迷彩服的确起到了很大的作用，它是首先把迷彩伪装大规模应用于军队的国家，受此启发，之后美苏等国都开始效仿，纷纷装备自己开发的迷彩作战服装，很多国家逐步把迷彩服作为军队的标准作战服。虽然是一件简简单单的迷彩服，但是折射出的却是军事观念先进与否。

▲ 德军的迷彩军服

日本陆上自卫队新军服 (旧本)

■ 简要介绍

日本陆上自卫队新军服，指的是 2005 年配发的新型迷彩服。这也是日本陆上自卫队将近 20 年来的首次换装。它将特殊的色彩工艺和复合材质融于一体，展现了日本科学技术在军事上的运用。

■ 研发历程

日本自卫队是第二次世界大战后至今日本的国家防卫力量，成立于 1954 年 7 月 1 日，包括日本海上自卫队、日本陆上自卫队和日本航空自卫队三个军种，由日本防卫省统筹管辖。根据日本宪法第九条规定，日本放弃与他国以军事手段解决争端的权力，因而自卫队在名义上不是军事组织，但实际上的功能等同他国的军队。

近 30 年来，日本自卫队的军服几乎都没变过，从其常服来说，陆上自卫队是绿色，海上自卫队是黑色，航空自卫队是蓝色。

2005 年时，出于对提高未来作战能力的考虑，日本陆上自卫队和特种部队开始换装新一代作战迷彩服。新型作战迷彩服不仅具有传统的伪装功能，还能躲避红外夜视侦察仪和紫外线夜视侦察仪的夜间侦察，可大大提高日本陆上自卫队与特种部队的战场伪装能力。

■ 性能特色

与旧的作战迷彩服相比，日本陆上自卫队新型作战迷彩服有春、夏、秋和冬 4 类，采取细线条 4 色迷彩、两种色调，分别采用与不同季节环境的红外辐射相等的布料，能使迷彩服穿着者与所处背景之间的光谱反射曲线基本达到一致，从而让近红外夜视仪、紫外线夜视仪、激光夜视仪和电子形象增强器等器材的侦视失效，以达到隐蔽自己、迷惑敌人的目的。

▲ 日本陆上自卫队迷彩服

知识链接 >>

该作战服最显著的变化是，面料图案不再采用传统的森林迷彩，迷彩服的颜色改以褐色为主色调，迷彩图案由电脑打印出来的点状像素组成，目的是让穿着新作战服的特种部队在丛林中"消失"。另外，其冬用类新型作战迷彩服还增加了保暖、吸湿、防水和不易燃等性能，即使在 –30℃的气候条件下也可以发挥"防水御寒"的性能。

P-TYPE BULLETPROOF VEST

比利时勃朗宁 P 式防弹背心（比利时）

■ 简要介绍

勃朗宁 P 式防弹背心是比利时勃朗宁公司为比利时军警部队生产的 4 种型号的 P 系列防弹背心，它们主要用于防护霰弹枪、卡宾枪和自动步枪等枪弹对人体的伤害，特别是群发枪弹对人的心脏、主动脉、肺部、腹部、胸骨、肾脏和脊椎骨等部位的伤害。

■ 设计历程

战争是攻与防、矛与盾的对决，进攻性武器的发展，也促进了防御性装备的进步。当有了枪械之后，人们为了防御子弹的杀伤，特别是群发枪弹对人的心脏、主动脉、肺部、腹部、胸骨、肾脏和脊椎骨等部位的伤害，就开始研制防弹背心。

比利时在这方面有着很好的成就，国营赫斯塔尔公司早就研制和生产出了 FNP 系列防弹背心，包括 P100 式（或 ex2001 式）、P200 式（或 ex XK14 式）和 P300 式（或 ex3001 式）3 种型号，主要装备于比利时警察部队。

之后，为防护霰弹枪、卡宾枪和自动步枪等枪弹对警察部队人员的伤害，勃朗宁公司也为比利时警察部队生产出了 4 种型号的 P 系列防弹背心：P302 式、P303 式、P304 式以及最新的 P305 式。

▲ 比利时勃朗宁 P 式防弹背心

■ 结构组成

P 式防弹背心的前、后襟均用双层防弹钢板制成；P304 式防弹背心吸取了 P302 式和 P303 式防弹背心的优点，并设计有对脊椎、颈部和骨盆起防护作用的装置，既增加了防护面积，又不影响颈部、肩膀等部位的灵活性；而且可穿在夹克或衬衣的里面，因而使人能够自由活动；还设计有大、中、小三号，可满足不同身材人员的需要。该系列防弹背心做成可拆卸式，背心、防弹钢板都可分别进行更换，便于清洗和收藏。

▲ 比利时勃朗宁 P 式防弹背心

梵蒂冈罗马教廷教皇卫队军服 / 梵蒂冈

■ 简要介绍

梵蒂冈罗马教廷的教皇卫队自从 16 世纪初到现在，其军服在世界各国军队服装随着生产力和战争的发展、时代的进步和社会文明程度的提高而不断变化中，显得独树一帜，它充满了文艺复兴风格，在 400 多年间始终没有变样。

■ 诞生组成

1505 年，罗马教皇尤里奥二世将以骁勇善战闻名欧洲的 200 名瑞士雇佣兵带到罗马，并正式决定由他们守卫梵蒂冈。1527 年 5 月 6 日，哈布斯堡王朝查理五世的军队血洗罗马城，教廷卫队中其他国家的人全部逃散，只有瑞士人顽强坚守，147 名瑞士士兵为保卫教皇流尽最后一滴血。瑞士人以自己对主人的忠诚和勇敢赢得了教廷的信赖。从此，教廷卫队便只招收瑞士人，卫队的名称也由"教皇卫队"改称为"瑞士卫队"。

之后近 500 年，罗马教廷对众多教规条律都程度不同地作过修改，一些行为方式也不断地与现代生活贴近，而唯有对教皇卫队的要求丝毫不变，他们始终是从瑞士基督教区内的瑞士人中选拔。为了将这一古老的习惯保持下来，这些士兵的服装也至今仍保持着当年瑞士军服的式样，连罗马教廷的最高当权者也无权改变。

■ 外观特征

瑞士近卫队制服充满文艺复兴时期风格，重量均约 3.6 千克，且每件皆为按照队员身材量身定做，据说是米开朗琪罗设计的具有文艺复兴风格的古典装束；军士们头戴羽饰船形头盔；身着红、黄、蓝彩条制服保持着冷兵器时代的基本特征，上衣的前胸印有色泽鲜明的横杠，以显示军人的勇猛强悍、锐不可当；手持古代长戟，腰间佩剑。

知识链接 >>

其实，梵蒂冈罗马教廷的教皇卫队军服之所以 400 多年没改变样式，还有更重要的原因：这支卫队是专为保护教皇的安全而设立的，并不需要到战场上去驰骋冲杀，军服自然就不必考虑适应不断变化的战争需要方面的需求了。

▲ 梵蒂冈罗马教廷教皇卫队军服

UNIFORMS OF ITALIAN CARABINIERI

意大利宪兵军服（意大利）

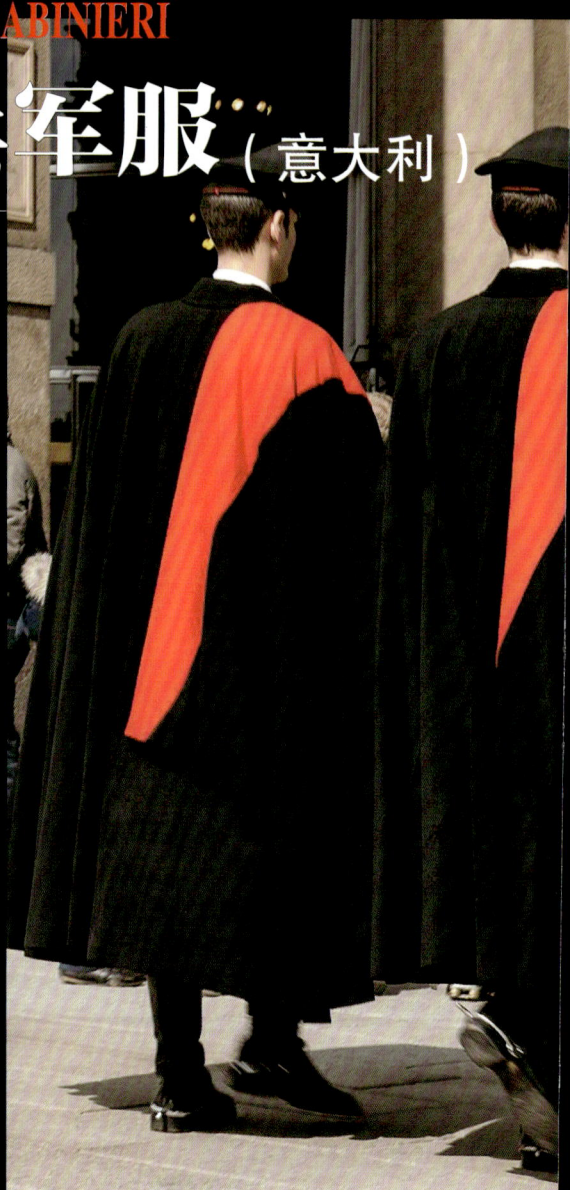

■ 简要介绍

　　意大利是文艺复兴的发源地，在艺术方面一直有很深的造诣，意大利宪兵的制服就完美地体现了这一点，帅气的大斗篷和尖顶大盖帽吸引了人们的目光，因此曾被评为"意大利的军队时尚""世界上最帅气的军服"。

■ 设计由来

　　意大利的国家宪兵平时负责管理国家军队和协助警察维持治安，他们也是具有意大利传统的优秀军队，在 2000 年的时候，脱离三军独立成为一支特殊的部队，目前属意大利国防部管辖。

　　这支部队有着悠久的历史，在拿破仑时期，他们就非常出名，并且有着卓越的成就。加之文艺复兴运动的发祥地就在意大利。或许正是因为这个原因，所以意大利独特的审美受到了很多人的喜爱。意大利宪兵队的军服就可以说是其中的一个代表。

▲ 意大利宪兵军服

■ 外观特色

　　意大利宪兵军服外观上最大的特色是经典的黑红白相撞，在引领潮流的同时也不失意大利的复古风格。而这种色彩搭配的制服穿在阳刚帅气的宪兵队军人身上，再加上帅气的斗篷和尖顶大盖帽，典型的欧洲风就在极具特色的古典建筑背景下展现了出来，显得既威风挺拔，也更加优雅别致。

知识链接 >>

其实除了上面所述秋装，意大利宪兵队的春装也特别吸引眼球，黑红的主体颜色端正庄严，加上白色的点缀，不管在哪儿都是焦点。内搭白色衬衣、黑色领带，简单而不失庄重感。下身是黑红相间的军裤，搭配黑色的高筒军靴。

▲ 意大利宪兵军服

EOD SUIT
排爆服

■ 简要介绍

排爆服是排爆专家去排除爆炸物或可疑爆炸物时必须穿着的服装。排爆服应具备防爆炸破片、防冲击波、防光波、防火焰速燃、防超压等对人体造成伤害的功能。恐怖主义是当前国际社会面临的重大挑战，使用爆炸物破坏并造成人员伤亡是恐怖分子常用的手法。一旦发现可疑爆炸物，就必须排除、移走、销毁，以免造成更多的人员伤亡和财产损失。

■ 性能特点

排爆服采用整块防弹玻璃为头部、脸部、颈部提供全面防护。防弹玻璃和胸腹部防弹板固定在一起形成一个移动盾牌，由肩部承重，减轻头颈负荷。排爆人员不但可以不佩戴头盔参加排爆，而且可长时间作业，操作者可自由呼吸并可佩戴防毒面具等装备。

在遇爆炸物爆炸时，防弹玻璃可抵挡、分导 85% 以上的冲击波、声波，还可避免排爆专家头部后仰造成颈椎骨折的危险。配备的耳罩、耳塞能将声音减到十万分之一。防冲击波面罩能保护耳、眼、口、鼻不受冲击波的伤害，提供二级防护，最大限度保护人的内脏、视力和听力。

排爆服的每个袖管、裤腿的防弹材料均由两段组成，在肘部、膝部搭接增加该处的防护级别，着装者可轻松地完成曲臂、弯腿、弯腰、蹲下等动作，防护角度大于 180°。

透明防弹玻璃和胸腹部、裆部的高级别防弹插板面积特别大，使人体关键部位免遭伤害。排爆服背后有防冲击软垫，配备喉控免持耳罩、口罩，能最大限度保护穿着者的生命安全，使其不受内伤。

■ 伤亡事件

2003 年 7 月 10 日凌晨，在俄罗斯的莫斯科市区一家饭店旁边发现一个装有炸弹的旅行背包，一名俄罗斯安全局的拆弹专家在试图拆除炸弹时被炸身亡。拆弹专家穿着某发达国家生产的全套排爆服，拆弹专家牺牲时排爆服完好，地面无血迹，胸插板在几米之外，排爆人员被冲击波冲到几米外的马路上，据推测，排爆专家可能死于颈椎骨骨折。

▲ 排爆服

知识链接 >>

爆炸物对周围环境的伤害是全方位和大面积的。爆炸物多为炸药爆炸，是以一定角度的倒圆锥体向上冲击，除少数加入钢球、铁钉等给人造成杀伤外，一般没有硬制物体对外伤害。爆炸会产生危害巨大的冲击波，以 1.2×10^9 比率递减，故距离越近伤害越大，爆炸点几十米外的玻璃窗都被冲击波击碎，可见爆炸点附近的威力难以用数字计量。

ANTI-G SUIT

抗荷服

■ 简要介绍

　　抗荷服亦称抗荷裤。当飞机正加速度超过 1.75G ~ 2G 时，由发动机压气机或其他气源引来的气体，经抗荷调压器向抗荷服的气囊充气，气囊膨胀，拉紧衣面，对飞行员腹部和下肢施加压力。这种对抗压力能阻止血液在正过载作用下向下半身转移，从而保证头部的循环血量。对抗压力还可防止膈肌向下位移。抗荷服能提高飞行员 1.2G ~ 1.6G 的正过载耐力。

■ 性能特点

　　抗荷服衣面用伸长率较低的尼龙织物制作，20 世纪 70 年代以来改用阻燃织物。为了增加穿着时的活动性和减少热负荷，囊式服去掉了裤裆和膝部衣面。充气的胶管（或囊）用尼龙涂胶布黏合而成。腹部、大腿和小腿处 5 个连通的气囊固定在衣面内。

　　抗荷服可制成单独的服装，也可把抗荷囊固定在高空代偿服上，组成代偿抗荷联合服。侧管式的腹囊与囊式的相同，但对大腿和小腿的加压是通过侧管充气和张紧带拉紧衣面来实现的。侧管式对体表加压均匀，能提高人体对正过载的耐受极限。抗荷调压器感受飞机正加速度，并能根据不同的正加速度值向气囊充加不同的气压。现在的抗荷调压器采用正加速度发生前给服装预充压的方法，从而提高了抗荷服的抗过载性能。

■ 使用原因

　　当飞机在加速阶段，人们承受的过载过大，可能会使得人体血液向腿部集中，造成脑部供血不足而缺氧，这时人就会出现短暂的视觉模糊、手脚麻木甚至是失明，这种现象就是"中心视力丧失"。出现中心视力丧失之后可能会造成飞行员短暂昏迷，一旦长时间昏迷就可能会造成机毁人亡，所以提升飞行员的抗载荷能力是非常必要的。

抗荷服按其结构可分为囊式和管式两种。囊式由腹部、大腿和小腿处五个连通的气囊和下肢处的侧囊组成，用交叉小带定位在衣面上。对体表的加压不均匀，在压力较高、加压时间较长时容易引起疼痛，甚至产生皮下出血点，给下肢活动带来一定影响。管式由腹部处的气囊和下肢处的侧管组成，用交叉小带定位在衣面上。加压比较均匀，即使正过载时间较长也几乎不引起疼痛，其抗荷性能比囊式好。

▲ 抗荷服

FLIGHT HELMET
飞行头盔

■ 简要介绍

　　飞行头盔是一种驾驶员在高空飞行被迫跳伞时用以保护头部的装备。用于保护飞行人员头部和通信联络，飞行人员被迫跳伞时，免受迎面气流的损害。由密闭头盔、玻璃罩、滤光器和头盔送话器组成，除具有上述作用外，还可与代偿服配套使用，保证飞行人员正常呼吸，在密封座舱失效的情况下，完成高空飞行。

■ 发展简史

　　在航空业发展的头几年，飞行员采用了用于赛车的皮革头盔作为头部保护。早期的皮革飞行头盔最初的设计在1930年代进行了修改，成为 B 型头盔，可以在外部连接无线电耳机、氧气面罩和可移动护目镜，以保护飞行员的眼睛不受伤害。

　　到二战时，随着飞机飞得更高，在稀薄的空气中需要向飞行员和机组人员提供氧气进行呼吸，氧气面罩被添加到设备中。

　　进入朝鲜战争后，皮革头饰逐渐被替换为飞行员们所需的安全头盔，以保护头部（并随后进行高速弹出）。此外，护目镜被头盔中的遮阳板取代，并采用有色镜片以防日晒。当前的头部装备（在越南战争之后出现）还包括通信设备（头戴式耳机和麦克风），使飞行员能够与地面作战及其机组人员进行通信。

▲ 飞行头盔

■ 性能特点

　　飞行头盔的撞击保护装置可减少头部受伤的风险（在降落伞降落的情况下）和防风冲击（在弹出的情况下）。有一个遮阳板用来保护日光、闪光灯和激光束对眼睛的刺激。还配备有降噪耳机和麦克风、用于夜视的护目镜、头盔追踪系统。它还具有优良的散热和通风功能。在高空飞行和NBC防护时，要与氧气面罩兼容。

知识链接 >>

美国空军的 HGU-55/P 可以说是一款出镜率非常高的飞行头盔，到处都可以看到这款头盔的身影。这款头盔可以更换不同的面甲以适合不同的任务需要。比如可以使用 PRU-36/P 双面甲。HGU-55/P 与 PRU-36/P 一起使用的时候，可以在战略轰炸任务的时候保护眼睛不受灼伤。

▲ 飞行头盔

FAST COMBAT HELMET

FAST 战术头盔

■ 简要介绍

FAST 战术头盔名称中的 FAST 是 Future Assault Shell Technology(未来攻击防护壳技术）的缩写。这种头盔在设计上不仅满足了防护的要求，同时还考虑了士兵头部需要安装各种装备的需求，比如通信耳机、夜视设备、战术灯、摄像机、眼镜风镜、面部保护罩等。常见的 FAST 头盔由 Ops-core 公司生产，主要有 FAST MT SUPER HIGH CUT HELMET 和 FAST XP HIGH CUT HELMET 两款。

■ 种类区别

FAST MT SUPER HIGH CUT HELMET 和 FAST XP HIGH CUT HELMET 两款的主要区别在于耳部位置切的高度不同，也就是超级高切与高切的区别，由此也带来了防护面积的不同以及头盔结构的轻微区别。

两款头盔除了在所切高度上不同，侧面附件导轨前部螺丝的安装位置看上去也有区别，实际上这只是视觉的原因，两款头盔螺丝的安装位置是差不多的。其实这不是主要区别，最主要的区别是上面椭圆圆圈内的位置，FAST MT SUPER HIGH CUT HELMET 的后侧导轨有四个格，而 FAST XP HIGH CUT HELMET 只有三个格。

以上的两款 FAST 头盔均为防弹的，Ops-core 公司还有一款哨兵防弹头盔 SENTRY XP MID CUT HELMET，属于中切款式，有一部分护耳的设计。

另外，FAST 头盔还有非防弹版的 FAST 头盔，那就是 FAST CARBON HIGH CUT HELMET 和 FAST BUMP HIGH CUT HELMET，非防弹头盔与防弹头盔外观上最明显的区别就是非防弹头盔上部有孔洞。

■ 流行原因

现在各国部队中流行 FAST 头盔，这是由于技术的进步使得单兵的技术装备越来越多，需要一个技术配件装载平台，而这样重量就上去了，所以要牺牲防护来妥协；还有就是 FAST 的使用者以特战单位为主，而在特战单位的作战距离上，标准步兵芳纶头盔的防护力就非常尴尬了，尤其反恐战这种场合，要用轻便性、多功能性换取生存率。

▲ FAST 战术头盔

知识链接 >>

FAST 并不是以防护为强项，两侧缺乏护耳，防护面积不够，主要是为了方便人员佩戴耳机安插附件。轻型的战术头盔确实对防护是部分放弃了的，舍弃部分防护带来的减重，增加附件等回报，在特种作战时可以带来更大的好处，这是一个性能取舍的问题，没有什么是绝对的。

TACTICAL GLOVES

战术手套

■ 简要介绍

　　最早的战术手套起源于日本江户时代，是当下忍者必备的一种防身武器。手套内主要有飞镖、钢爪等进攻型武器。二战时期，德国启动机械化部队，在手套方面进行了一系列的研发。先后研发出带有防震、减滑、抗冻等多效能的功能手套。美国近些年不断研发战术型的各类产品，战术手套更是在其中，以黑水公司的产品最有代表性。

■ 结构特点

　　战术手套采用皮质表层结合抗震塑料的复合结构，符合人体工程学的设计理念。

　　一是防护性：战术手套对使用者手部的防护性明显强于普通手套。其掌部、手背部、指部、指关节部分均进行过特殊加固处理，以此提升战术手套的防护性。对于部分战术手套来说，具备诸如防水、防火、防割等特殊防护性，这需要采用特殊的材质与面料。

　　二是耐用性：为满足战场需求，战术手套通常会采用耐用性较强的面料材质，以此提升耐用性，这是大多数普通手套所不具备的。

　　三是进攻性：部分战术手套的指关节部分带有防护 / 攻击硬壳，以此提升手套的防护性与进攻性。

▲ WEAR 战术手套

■ 三种类型

　　根据使用者的不同身份和相关使用范围，战术手套分为进攻型、防御型和格斗型三种类型。进攻型：使用者在抓力和使用武器时都能带有攻击性的力量。手套本身对敌人都能造成一定伤害。防御型：主要适用在对武器的把握力和对刀具等锐利刃具的防护上，减震效果明显。格斗型：主要体现在对刀具的穿刺防御和割伤减少方面，是武警必备的型号。

▲ Oakley SI 阻燃战术手套

TACTICAL VEST
战术背心

■ 简要介绍

    战术背心是指某些士兵穿在外部的、用于增加各种弹药携带数的装备，选用优质军规尼龙织带，具有耐磨、轻便等特点。可以穿在防弹衣外，不会对防弹衣、无线电、伞包等造成妨碍。它是被特种部队广泛采用的装备，特别要提到的是，战术背心不具备防弹功能。

■ 结构特点

    采用模块化结构，能结合现有武器、弹药及通信等装备，并能简单自由更换模块；穿戴战术背心不影响头盔、防弹背心、个人武器使用且不会对双手和其他标准动作、射击等造成阻碍；能与现有周围服装搭配穿着；穿戴所有类型的军用手套时能穿脱此背心；无他人的协助之下，穿者能在 30 秒内轻易地组合、穿着，并调整到合身状态；已组合的背心在重复穿着时，只需重新对齐及调整；水中脱离时间不得超过 15 秒；战术背心连续使用寿命为 5 年，间歇性储存期间其功能寿命应为 10 年；战术背心需通过耐摩擦测试；可快速调整背心大小，不影响防弹背心、战术鞍座及伞具之穿着与活动；适合汽车、飞机、船舰及战斗车辆作战行动。

▲ 战术背心

■ 经典之作

    AVS 背心由于被英国和美国特种部队大量配发使用而声名大噪，AVS 背心的基础是一个模块化的系统，允许多种方式来携带前片和后片的防弹板。在最常使用的配置中，它的组合里包含了悬挂和前后板，它具备现代携板背心的防护性和载负能力，它的优质悬挂系统为使用者提供了更完善的灵活性和舒适性。

▲ 身着战术背心的特战队员

知识链接 >>

二战时最接近战术背心系统设计概念的是突击背心（Assault Vest），由英国的 Rivers-MacPherson 上校设计，他于1942年制造出少量突击背心，并发放至特种部队测试。证明是一个不错的设计，但由于当时已有大量的库存 S 腰带载挂装备与背带式的装备组，若是要全面换发新装备，生产与制造成本都须重新规划，因此，突击背心没有被列入考虑范围。

TACTICAL GOGGLES
战术护目镜

■ 简要介绍

　　视力是人最重要的感知能力，视力被剥夺的人员显然是没有战斗力的。战术护目镜就是为了保护眼睛免于直接伤害，在战场环境下保障观察而设计的。现代护目镜镜片在测试中可以承受锤击和霰弹枪小号铅弹等破坏，在激烈混乱的战场上对抗爆炸产生的小块破片和掀起的沙石，以及坠落物和外力撞击，还是没有问题的。

■ 战术墨镜

　　根据不同光线环境的需要，战术护目镜可以替换有不同滤光功能的镜片，可以像太阳镜一样起到避免日光炫目的作用。但是除此之外，在非常规战争中，深色的镜片也同时起到了墨镜的作用——掩护佩戴者的身份，在对视中制造单向透明的目光接触，以隐藏佩戴者的面部表情。特种部队在公开行动中经常使用战术头套，其目的就是对行动成员身份的一种保护，同时制造威慑力。墨镜的效果同理，虽然不如头套覆盖面积广，但眼部是人容貌和表情的第一特征，遮盖双眼可以起到关键的掩盖作用。到陌生环境下执行治安占领任务，利用墨镜与占领区民众保持沟通距离，在执勤、巡逻和搜查行动时与外界的接触交流中产生不对称的心理优势，对士兵的行动安全和工作展开都是有帮助的。

▲ 战术护目镜

■ 战术风镜

　　战术风镜属于全覆式护目镜，镜框周围有紧贴面部的软垫以防止异物进入，主要用于对抗恶劣天气等自然状况。比如沙尘暴和直升机旋翼引起的沙石，严重雨雪，两栖行动时的风浪，以及大面积燃烧产生的热量和浓烟，保证人员可以放心地一直睁开眼睛维持感知。但是全覆式护目镜的一个缺点在于容易起雾，由于过于封闭不利于及时排出因运动体热产生的水汽。所以在恶劣天气情况之外，平时一般不佩戴风镜。

▲ 战术护目镜

知识链接 >>

射击眼镜采用常规镜架，起初目的是在靶场上保护眼睛不受武器发射时逸出的火药气体和铅弹微粒伤害，甚至在极端情况下可以在武器炸膛等严重事故时给双眼以保护。虽然防护范围和封闭性不及战术风镜，但是非极端天气里依然能满足相似的防护效果，且对佩戴者几乎没有任何负担和干扰，适合平时长时间佩戴，所以逐渐成为很多部队的标配。

POWERED EXOSKELETON

机械外骨骼

■ 简要介绍

机械外骨骼或称动力外骨骼，是一种由钢铁框架构成并且可让人穿上的机器装置，这个装备可以提供额外能量来供四肢运动。凭借这套服装，人类就可以成为所谓的铁人。机械外骨骼更倾向于军用，除了能够增强人体能力的这一基本功能外，还要具有良好的防护性、对复杂环境的适应性以及辅助火力、通信、侦察支持等军用功能。

■ 研制情况

2001年，美国国防部高级研究计划局（DARPA）决心要克服外骨骼发展上的技术问题。DARPA拨出5000万美元用于为期5年的军事用途外骨骼项目开发工作。

日本公司也一直在努力以商业用途开发外骨骼，特别是帮助残疾人和老年人进行日常的散步、爬楼梯、负载等。

美日在外骨骼方面发展的努力是成功的。报道称由DARPA资助的美国加州大学伯克利分校的项目，以及在盐湖城的Sarcos研究公司已做好该领域演示的准备。日本则拥有HAL-5（第五代外骨骼系统，叫混合肢体辅助系统或HAL）。该系统是一个全身套装，目的是对肌肉萎缩或脑和脊髓功能损伤的人们在无人力援助的情况下进行协动。这些发展正在缓慢地解决着多年来那些让外骨骼只能停留在画板上的障碍。迟早，机械外骨骼会真正进入实用领域。

■ 军事应用

从2000年开始，美军开始从事"增强人体机能的外骨骼"（EHPA）项目研究，计划研制一种机器骨骼，提高人的军事作战方面的能力，计划在2005年开始进行样品试验。未来士兵佩戴外骨骼机器人后，将成为一名超级士兵，拥有无穷的力量，可携载更多的武器装备，火力威力增强，防护水平提高，同时可克服任何障碍，高速前进，不会产生疲劳感。

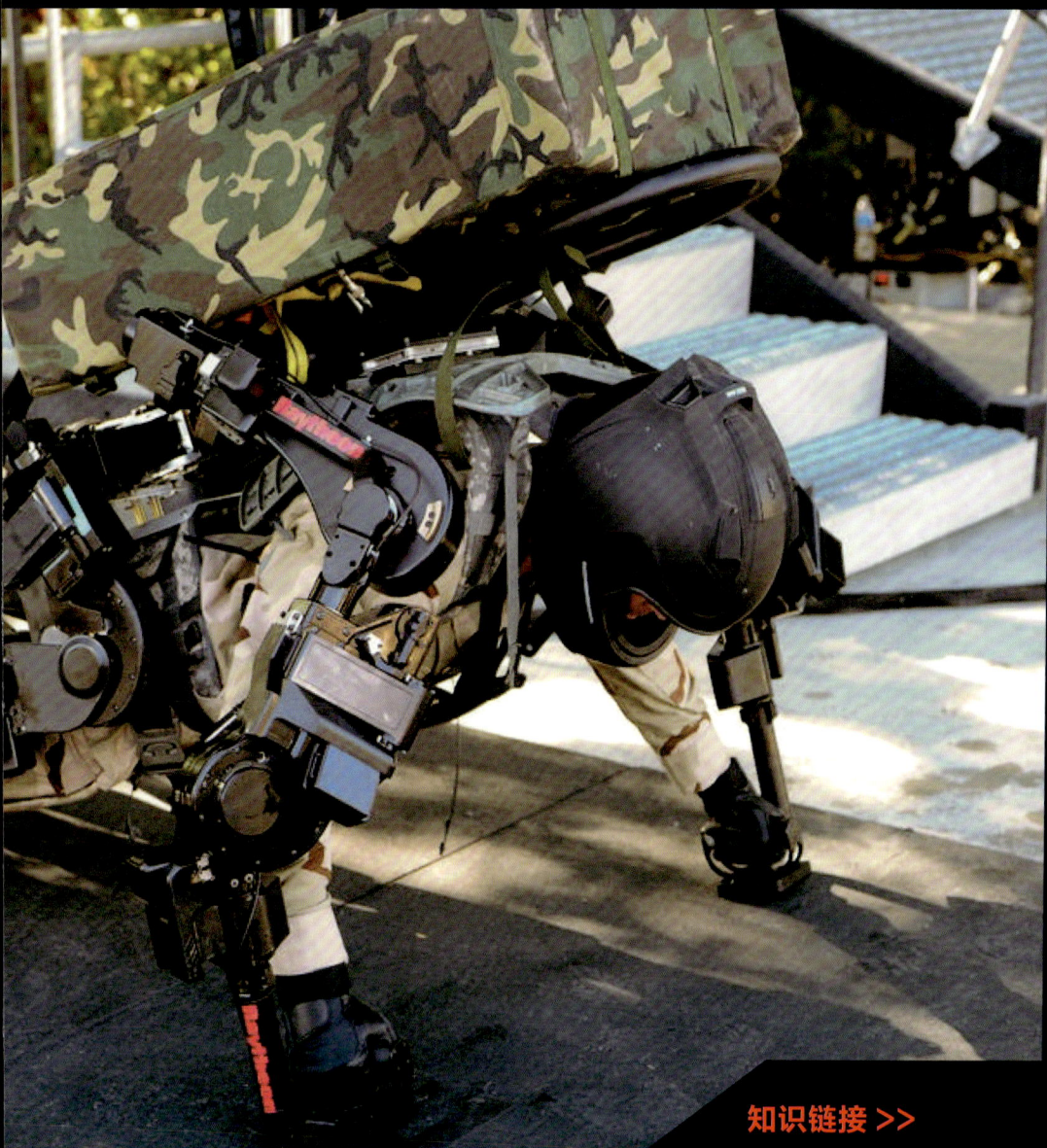

机器外骨骼

在军队资助下，美国犹他州一所秘密实验室里，一位天才工程师正在悄悄制造他的"铁人"。这个"铁人"其实是一件机械外衣，简称 XOS，是迄今最先进的机械外骨骼，穿上它后，任何人都能轻松举起 90 千克重物，仿佛拿起一根筷子，连续举重 500 下，却丝毫不感觉疲劳。

美国将军军衔（美国）

■ 简要介绍

美国的将军，是其军队中最高一等的军衔。其中六星上将、特级上将曾是美军的最高军衔和第二军衔，现已不复存在，而作为原第三军衔的五星上将被保留下来成为现役美军名义上的最高军衔，只在战时授予。四星上将才是现役美军的最高军衔。

■ 设立过程

美国的军衔等级设置，经历了一个由少到多的发展过程。1775年4月开始组建团队，最高军衔为上校。同年7月组建师一级部队，增设了少将军衔。以后出现了旅的建制，将官遂分为旅将和师将，他们分别相当于其他国家的少将和中将。直到1862年南北战争期间，美国才有了上将军衔。1870年，美国军队采用了一种单肩或双肩的肩章系列军衔符号，同时肩章上也出现了近代第一个将军银星的标识。美国最高级别的军衔是美利坚合众国海陆空军大元帅，拥有这一荣誉的人是美国的首任总统华盛顿。原本华盛顿是一个三星的陆军中将，那时是美国最高的军衔，后来美国国会通过法案之后，授予华盛顿美国特级上将军衔，就是六星上将。位居第二的军衔是特级上将，一共有两位获得这个军衔：其一是约翰·潘兴，是陆军特级上将；再者就是乔治·杜威，是一位海军特级上将。

位居第三的五星上将军衔，美国国会规定，该军衔只能在战时授予。在整个美国，拥有五星上将军衔的只有10位，全是在第二次世界大战的时候，任战区司令官的将领。而目前美国活着的将军中，已经再无五星上将了。因此四星上将才是现役美军的最高军衔；之下是中将、少将和准将。

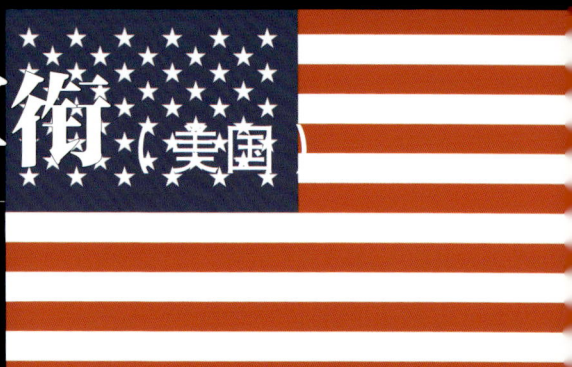

美国陆军四星上将乔治·巴顿

■ 军衔标志

美军五星上将的肩章上缀有五颗围成一圈的五角银星；之下为四星上将、三星中将和两星少将以及一星准将，依次各减一颗银星。从颜色上分，陆、海、空军的底色分别为绿色、金色和蓝色。陆军和空军上面还有鹰徽；海军则为白色锚。美军授衔规则一般是，参谋长联席会议主席、军种参谋长、战区司令官为上将；军种副参谋长、军长、舰队司令为中将；师长、航空母舰特混舰队司令为少将；副师长、独立旅旅长为准将。

第15任美国陆军参谋长五星上将乔治·卡特莱特·马歇尔

美国海军作战部部长五星上将切斯特·威廉·尼米兹

五星上将陆军上将军衔肩带

▲ 美国陆军五星上将等级标志

知识链接 >>

　　美国著名将领麦克阿瑟在二战时曾历任美国远东军司令、西南太平洋战区盟军司令等职。据说他晋升为陆军五星上将后，由于无意中看到了来访的尼米兹将军已经先他一步佩戴上了五星上将军衔，于是立即命人也去找一副同样的军衔给他佩戴。但在当时的历史条件下，这种刚刚设立的军衔既没有生产，也来不及运输，于是他的副官硬是用银币锉出了一副军衔交到他手中。

FIELD OFFICER OF U.S.
美国校官军衔（美国）

■ 简要介绍

美国校官军衔，是指美军中低于将官而高于尉官的军衔，包括上校、中校、少校。上校军衔对应职务是团长、空军联队队长、舰长；中校对应的是营长、舰艇中队长；而少校对应的则是副营长、舰艇分队长。

■ 设计由来

校官是美国低于将官而高于尉官的军衔，不过各国军衔制度中对校官的设置不尽相同，在最高军衔设置为元帅（含大元帅、主帅、次帅）的军衔体系中位于第三等，在最高军衔设置为将官的军衔体系中位于第二等，而在最高军衔设置为校官的军衔体系中则位于第一等。而且有的国家设有大校、上校、中校、少校四类，有的国家则只有后面三级。

美国早在1775年4月开始组建团队的时候，最高的军衔即为上校。1882年，美军的上校肩章开始使用鹰徽标志。1918年11月一战结束后，美国远征军凯旋回国，当时马歇尔和巴顿都在这支队伍中，但之后他们肩头的军衔却从上校变成了少校。原来，他们在战时的上校是临时军衔，而少校则是其永久军衔；而且，美国军官军衔的晋升，也分为永久晋升和临时晋升两种。授予临时军衔的依据，是军官职务的编制等级，一般随军官职务的变迁而自动升降。尤其上校晋升准将和将军晋升控制较严，必须是晋一个退一个，不得使将军总数超过国会规定的名额。

■ 军衔标志

美国上校的主要军衔标志为肩章上有一只抓着一支箭的白头雕，中校的肩章是一片银色的橡树叶，少校的肩章则为一片金色橡树叶。其中海军上校还有四杠一星，中校为三杠一星，少校则为两粗一细三杠加一星。便服肩章的底色均为黑色；而常服、礼服则有绿、深蓝和浅蓝之分。

▲ 从上至下分别为美军陆军少校、中校及上校军衔（2010—2020）

知识链接 >>

据说美国有一位出身于军人世家的儿童罗比·惠勒，他从小就渴望像父辈一样成为一名军人。但是，他小小年纪却患上了不治之症。当别人问小罗比有什么愿望的时候，他仍然毫不犹豫地回答："我要当一个军人！"为了满足他那纯洁而美好的愿望，美国陆军总部竟然郑重决定，破例接收才9岁的罗比入伍，并在他服役一天后，就授予他荣誉勋章和荣誉上校军衔，以此来褒奖他的精神。

美国尉官军衔（美国）

■ 简要介绍

美军的尉官是低于校官又高于士兵及准尉的军衔，包括上尉、中尉和少尉。在对应其各自职位上，一般连长为上尉，副连长为中尉，排长为少尉。

■ 设置沿革

19世纪的最后10年，美军加快了军衔等各类识别系统的完善。相继出现了除将军和上校外的其余大部分现行的军官军衔符号，设立了上尉、中尉专用肩章，但少尉仍佩戴一个空白的肩章。直到第一次世界大战期间，美军才开始使用少尉肩章标志符号。

美军将官的肩章上主要标识为星星，上校的肩章上是一只鹰，中校、少校的是一片橡树叶，尉官肩章上的杠杠表示树干。从上将到少尉，肩章标识所包含的意思依次是：星星在苍穹闪耀，雄鹰翱翔蓝天，树木枝叶茂盛，树干连着大地。

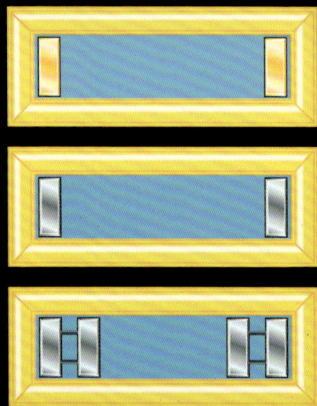

▲ 从上至下分别为美军陆军少尉、中尉及上尉军衔（2010—2020）

■ 军衔识别

美国陆军少尉、中尉肩章饰长方形图案。海军校、尉级官员肩章标志为宽窄不同的金色条带，条带上面织橙黄色长方形图案，上方镶金色五角星，以不同数量的条带区分等级。少尉宽带1条，中尉1宽1窄，上尉2宽；空军标志图案与陆军相同，只有肩章底色为天蓝色。

知识链接 >>

　　两次世界大战以来，美国不断对军官的服役条件进行修改和补充，逐步形成了目前按衔级年龄、军龄和年龄条件，实行志愿退役与强制退役相结合的服、退役制度。美国军官最高服役年龄的限制，目前只有 64 岁、62 岁和 60 岁三个年龄等级，但是尉官与准将的服役年龄相同，都是 60 岁。

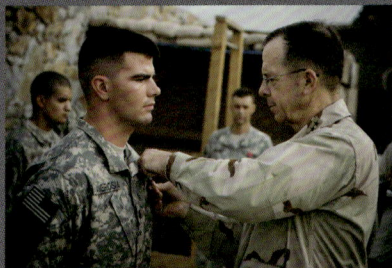

▲ 授衔仪式

美国准尉军衔（美国）

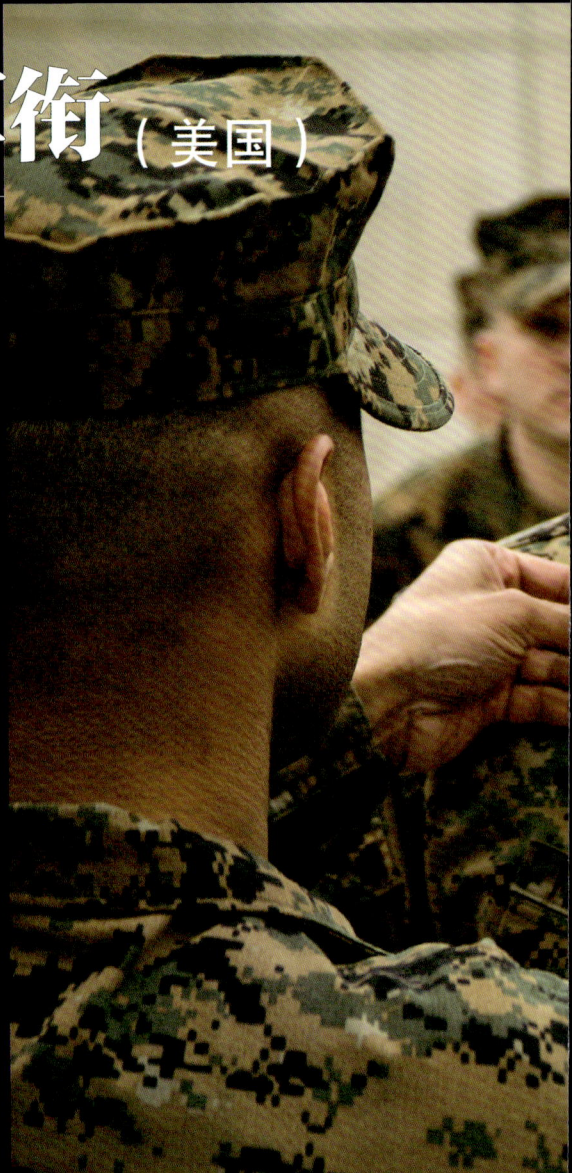

■ 简要介绍

美军中的准尉，是机关和基层的技术管理骨干，它低于尉官但又高于军士，即高于最高级别的士兵以及军官学员或候补军官，但低于少尉；经上级选拔推荐、军官候补教育合格后可晋升为少尉。准尉可分为五级、四级、三级、二级和一级五个等级。

■ 军衔设置

美军的准尉官都是高技术的单向专业军官，他们的军衔都是由国会授予的。各部门在选择、管理和任用准尉官上稍有不同。一级准尉的初次任命由各军种部长（或相当职务的）批准，晋升至二级准尉以上的，则由美国总统批准，任命时，准尉官的宣誓词和任命书与其他军官一样，因此他们获权来源也与其他军官一样。

陆军准尉官计划源自1896年的司令部秘书。虽然最初被认为是平民，但陆军检察长将他们视作并任作军事成员。从那时候起，陆军中准尉官的地位就被确立为技术专家和领导者。在海军中，准尉官一直以来都担任技术专家，他们的技能和知识是确保舰船正确驾驶的一个重要保障。

准尉官作为领导、指导、教练和顾问下属可以指挥分遣队、小组、船艇、飞机和装甲车辆。但是，准尉官作为领导者的基本任务是在他们的专业内作为技术专家为指挥官和组织提供有用的技能、指导。

1975年，美国海军停用了一级准尉衔，所有海军准尉官都直接是从二级准尉到五级准尉，他们按军衔分派不同的工作职位。美国空军在1947年其成立之时继承了陆军的准尉军衔，但准尉军衔在空军结构中从未明确过，现在已不设立准尉。

■ 军衔标志

美军陆军准尉根据服装种类，在肩章或衬衣右衣领、船形帽左侧、头盔正面和野战服大檐帽上佩戴各种符号，肩章饰银色长方形图案，上镶1枚～4枚黑色方块，区分一至四级准尉。空军准尉肩章镶的方块为天蓝色。海军准尉肩章饰金条纹和一个不同宽度的长条带，中镶1道～3道蓝横杠和竖线条，条带上方有两个相交叉的锚。

▲ 美国准尉军衔

美军士官军衔（美国）

■ 简要介绍

美军士官军衔是低于准尉而高于士兵的军阶。共有 7 等，军士长包括总军士长、一级军士长、二级军士长、三级军士长；军士包括上士、中士、下士。军士长被士兵称为"兵头子"，是各级指挥官管理士兵的得力助手。

■ 军衔设置

美国的士官制度，最早可以追溯到美国独立战争时期，经过 100 多年的发展，特别是经过第二次世界大战，士官在美军中的地位和作用逐渐确立了起来，并成为美军战斗力组成中不可或缺的部分。二战结束时，士官已成为美军 288 个现役步兵团中近 2.5 万个步兵班的直接指挥者，为世界反法西斯战争的胜利作出了不可磨灭的贡献。

二战结束后，特别是海湾战争以来，美军对其战略战术思想、人员装备编制都进行了比较大的改革。在历次改革中，美军士官的地位和作用都得到了巩固和加强。士官是美国军队的骨干，美军条例规定，士官在军队中的职责是保持部队良好的秩序和纪律，是部队的直接监督者，担任小单位或技术性工作的领导，以及训练士兵掌握单兵技能。

相对一般士兵而言，士官一般服役期限较长，职业化的特点比较明确。在选拔和任用方面，中士以下的初级士官，大多从有较长服役期和表现优异的士兵中遴选，再加以短暂训练后任命，担任战斗小组组长或班长职务。一旦获得高级士官军衔，就表明该士官在所属部队拥有长期的优秀服役表现和杰出的领导能力。

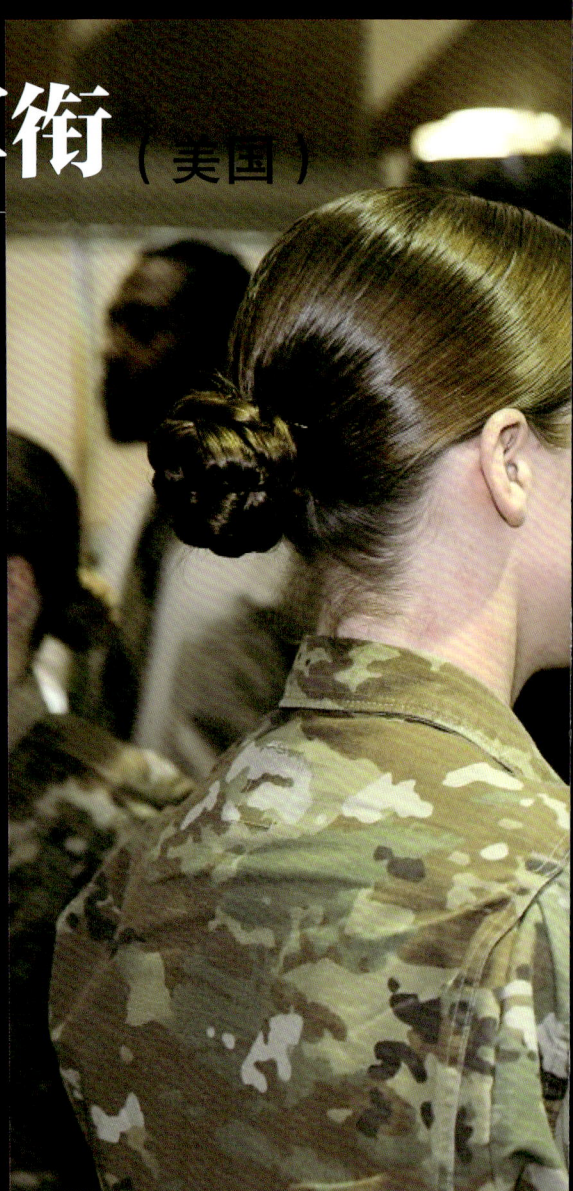

■ 军衔标志

美军陆军士官的标志符号佩戴在两袖和头盔上，等级用金色角线和弧线来区分：三级军士长角线 3 条、弧线 2 条；二级军士长角线、弧线各 3 条；一级军士长角线、弧线各 3 条，中间镶五星 1 枚。空军标志符号佩戴在衣袖上，图案为白色弧形饰条上有一蓝色圆圈，中镶白色五星；等级以条纹数量区分。海军军士和军士长的标志图案为白鹰和两个相交叉的锚，并以不同数量的红色角线、白色五角星区分等级。

知识链接 >>

由于士官在军队中的重要作用，其相应的待遇和保障在美军中一直很受重视。一旦获得任命，士官在军队中的政治、经济地位都会得到显著提升。一级军士长、总军士长的工资福利水平甚至超过了一些中低级军官，在退役后也能享受到数额不等的退役金和各种补贴保障。优厚的待遇和妥善的退役保障，使得美军士官在军中可以安心服役。

▲ 美军士官

美军士兵军衔（美国）

■ 简要介绍

美军士兵虽然是没有官职的，但也分为一等兵、二等兵和新兵（海军三等兵），一般情况下是按服役的年限来划分的。美国士兵服役后，待遇很好，即使退役也会得到各方面的补贴和保障。而且四级以上的技术兵还可以享受士官的待遇。

■ 军衔待遇

在美军中，第一年入伍的为新兵，此后凭服役期限或获得战功的成绩，可升为二等兵或一等兵。一名入伍 1 年的士兵每年的工资差不多有 2 万美元，同时免费享受医疗保健和各类保险。 此外，士兵还可以在退伍之后获得政府资助上大学的机会。

1944 年,美国国会通过《二战士兵权利法》,规定服役期满的士兵有权获得助学金，进入大学深造；至今已经有 2000 万以上的军人从中受益。美国陆军的现行政策规定，服役期满 2 年的士兵，退役后可以获得 2.6 万美元的助学金，而服役 4 年的士兵则最多可获得 5 万美元的助学金，这笔钱在美国读完一个普通公立大学完全没问题。这一规定吸引了许多贫困人家的子弟加入军队。

▲ 美国陆军二等兵佩章（左），一等兵佩章（右）

■ 识别标志

美国陆军的新兵没有标志。二等兵的标志符号佩戴在两袖和头盔上，等级用金色角线和弧线来区分：二等兵角线 1 条，一等兵角线、弧线各 1 条。空军士兵的标志符号佩戴在衣袖上，图案为白色弧形饰条上有一蓝色圆圈，中镶白色五星；等级以条纹数量区分：二等兵 1 条，一等兵 2 条。海军士兵标志为斜杠：三等兵 1 道，二等兵 2 道，一等兵 3 道；根据不同勤务，分为白、绿、红、灰等色。

知识链接 >>

　　经过 200 多年的发展，美国形成了一整套完整的军衔制度，并对军衔的晋升和佩戴作出了严格的规定。它完善和强化了军队制度，有利于统一指挥和管理。同时激发了军人向上进取，并具有合理调控军官队伍结构和运行的辅助作用。

▲ 美军士兵

UNITED STATES MARINE CORPS

美国海军陆战队士兵军衔（美国）

■ 简要介绍

美国海军陆战队士兵军衔分为三类九等十二种。其中三类是士兵、士官和参谋士官三个类别，九等为 E-1 至 E-9 共九个等级，十二种是十二个分属不同等级和类别的军衔。在同等级的军衔之间，区别在于责任的不同。

■ 军衔设置

美国海军陆战队高等级 E-7 至 E-9 是参谋士官，也称高级士官。美军理论认为军官主要负责部队作战与发展，部队基础管理由士官负责。士官是军官对部队管理的主要助手，E-6 级以上士官多担任班长、排军士长以上职务，直接服从和支持军官工作，对军官有参谋辅助的作用。

海军陆战队军士长只有一人，是海军陆战队司令的主要高级士兵助手，由一级军士长中遴选晋升，是海军陆战队士兵中的最高军衔，此军衔在海军陆战队中地位崇高，并且对应的职务是唯一的，所以该军衔所有者一般任职期满后就会退役。一级军士长任职于海军陆战队营及营以上各级单位的司令部或指挥部，作为单位长官的主要高级士兵助手。二级军士长任职于海军陆战队连级单位，作为连长或单位长官的主要高级士兵助手。三级军士长一般作为排的首要军士长或专业军士。三级军士长每年的评审中，需自行提出自己的发展方向意见，或谋求晋升二级军士长，或谋求晋升二级专业军士长，二者不可互换，这点不同于美国陆军。

■ 军衔标志

美国海军陆战队的军衔标志，基本图案与陆军相同，只是准尉以下人员标饰的底色为红色，二级军士长以上人员标志中所镶图案与陆军略有差别，三级军士长至上等兵标志的角线下增添两支步枪交叉的图案。

美国海军陆战队编制管理较严，受立法限制，每个士兵都有各自的军事职务专业，各专业对应的军衔有相关规定，不是每个军事职务专业都能够晋升到一级军士长，并且每个军衔的编制都是受限制的，一般是缺一个补一个。

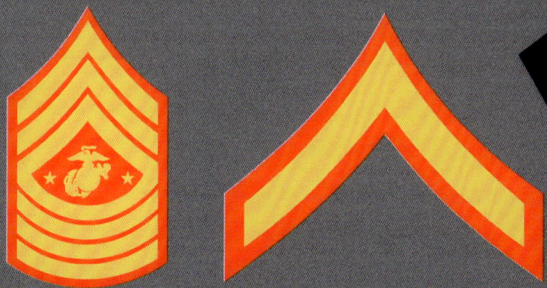

▲ 美国海军陆战队总军士长佩章（左）、一等兵佩章（右）

苏联元帅军衔（苏联）

■ 简要介绍

　　苏联元帅军衔制度是 1935 年 9 月 22 日根据苏联人民委员会和苏共中央执行委员会的决议实施的,它是苏联政府授予个别非常优秀的、在军事上作出过卓越贡献的苏军高级指挥员的高级军衔。

■ 军衔设置

　　苏联的元帅军衔在苏联时期共分四级,第一级为"苏联大元帅","苏联元帅"（狭义）和"苏联海军元帅"同为第二级;"军兵种主帅"为第三级;"军兵种元帅"为第四级。

　　苏联存在期间,苏联政府共计授予 1 人"苏联大元帅"军衔,40 人"苏联元帅"军衔,3 人"苏联海军元帅"军衔,13 人"军兵种主帅"军衔（空军主帅 7 人,炮兵主帅 4 人,装甲兵主帅 2 人）,60 人"军兵种元帅"军衔（空军元帅 25 人,海军元帅 9 人,炮兵元帅 10 人,装甲兵元帅 6 人,工程兵元帅 6 人,通信兵元帅 4 人）。

　　苏联"军兵种元帅"与陆军步兵的军衔"大将"为同级军衔,所以军兵种元帅不应归入苏联元帅级军衔,而应归入将官军衔。但苏联一度将大将军衔图案改为一颗大星,类似元帅的肩章图案布局,和军兵种元帅肩章图案布局也类似,且大将也佩戴元帅星,故也有人认为,大将也应属于苏联的元帅级军衔。

1940—1943 年袖章

1935—1940 年领章

1940—1943 年领章

1943—1955 年肩章

1955—1991 年肩章

■ 历史沿革

　　早在 1940 年 5 月苏联就设置了"海军元帅"军衔。1955 年 3 月 3 日,苏联又设置了"苏联海军元帅"军衔,同时取消了"海军元帅"军衔。1962 年又重新恢复了"海军元帅"军衔,因此之后形成了"苏联海军元帅"和"海军元帅"两级元帅并存的局面。但实际上"苏联海军元帅"与"苏联元帅"平级。"海军元帅"则是军兵种元帅,低于"苏联海军元帅"。

朱可夫元帅

▲ 华西列夫斯基元帅（左），索科洛夫元帅（右）

知识链接 >>

1940年制定将官军衔后，制定了新的军衔识别标识，元帅的领章和袖章饰两条金线刺绣月桂枝花环及"镰刀和锤子"符号；领章为菱形；肩章上有国徽和一颗银质"元帅星"。兵种元帅采用波状底板，另缀兵种勤务符号和元帅星徽（小于元帅）。

苏联近卫军军衔 （苏联）

■ 简要介绍

苏联近卫军军衔是卫国战争期间于 1941 年设立的一种荣誉衔称。它是为表彰苏联军人的集体英雄主义、勇敢顽强的战斗精神和高超的军事技能而由卓越的英雄部队改建而成。因此，被授衔的近卫军指战员都将获得这种军衔视为无上光荣。

■ 军衔设置

苏联卫国战争时期，1941 年 9 月 18 日，为了鼓舞士气，遵照最高统帅部的决定，为表彰全体人员的集体英雄主义、勇敢顽强的战斗精神和高超的军事技能，苏联国防人民委员部发布第 308 号命令，将一批立大功的兵团改名，授予那些战功卓著的部队、舰艇、兵团和军团"近卫"称号。如步兵第 100 师改称近卫步兵第 1 师（后来改编为近卫机械化第 1 军），步兵第 127 师改称近卫步兵第 2 师，步兵第 153 师改称近卫步兵第 3 师，步兵第 161 师改称近卫步兵第 4 师。同时，"红色高加索"号巡洋舰、"刚毅"号驱逐舰以及骑兵第 2 军、第 3 军、第 5 军等也获得了"近卫"称号。

到卫国战争末期，苏联近卫军进一步扩大，已发展成为一支强大的力量。一个个荣誉的授予，使苏联的军队斗志高扬，团队精神更加巩固，战斗力也随之成倍增长，为伟大卫国战争的胜利立下了汗马功劳。这些兵团在明斯克和斯摩棱斯克城下同德军进行了殊死搏斗，并参加了西方面军和预备队方面军在叶利尼亚城下举行的反突击。

■ 军衔标志

遵照 1942 年 5 月 21 日苏联最高苏维埃主席团的命令，为苏军陆军近卫部队和兵团的军人颁发了"近卫军"胸章，而为海军近卫军的军人颁发系有黑竖条橙黄色波纹绶带的长方形金属薄板制成的胸章。1942 年 7 月 31 日颁布实行《苏联海军近卫条例》，近卫军胸章应佩戴于右胸。

苏联军队近卫队徽章

知识链接 >>

进入和平时期，苏联/俄罗斯对各军团、兵团、部队和舰艇不授予近卫军称号。但是，为保持战斗传统，原各部队、舰艇、兵团、军团的近卫军称号，在其撤销时，可转授给其他军团、兵团、部队和舰艇。

▲ 苏联近卫军上尉肩章　　▲ 苏联近卫军胸章

苏联 / 俄罗斯大将军衔 （苏联 / 俄罗斯）

■ 简要介绍

　　苏联的大将军衔低于元帅而高于其他将官，1940年由陆军一级集团军级改称。它相当于美国军衔制中的四星上将、德国陆军的一级上将。在苏联，它和军兵种元帅平级，1976年以后也佩戴元帅星，只不过比苏联元帅的元帅星稍小。

■ 军衔设置

　　1935年，苏联中央执行委员会和苏联人民委员会决议规定，军衔分陆军和空军、海军、政工人员三类。苏联元帅为三军最高军衔，陆空军的军衔为十四级，海军为十三级，政工人员为九级。苏联元帅以下依次为 级集团军级、二级集团军级、军级、旅级指挥官。

　　1940年5月，最高苏维埃主席团发布命令，将高级军官军衔改称将官，大将为陆军将官中最高级别，与海军元帅等同。1943年设置了空军、炮兵、装甲兵、工程兵和通信兵元帅后，大将军衔只在诸兵种合成军队中设置，与军兵种元帅属同一级别。1974年开始规定大将佩戴元帅星。

　　在苏联解体后，大将佩戴元帅星的规定被俄罗斯废除了，大将恢复为佩戴四颗将官星。近些年来，通过一些照片显示，俄罗斯又恢复了大将佩戴元帅星。

1943—1955年将军通用肩章（左），礼服肩章（右）

1955—1974年将军礼服肩章（左），1974—1991年将军礼服肩章（右）

■ 军衔标志

　　苏联早期大将佩戴4颗将星，1974年，苏联对大将肩章图案进行了重大修改，将4颗星改为一颗大星加大将标志。之后大将军衔标志几经修改，到1991年苏联解体，大致形成了4种形式。比如1型常服，肩章是中间小金星，外环绕镶红边的金穗；2型常服中间是大红星，外环绕金穗。苏联解体后，俄罗斯规定大将佩戴的4颗将官星，其直径要比校、尉官星的直径大。

▲ 苏联元帅和将军

苏德战争以前，有 5 人获得大将军衔，到二战结束时另有 21 人获得了这一荣誉，当时大将基本上是各方面军副职，如国防部副部长、驻德苏军集群司令、总政治部主任、总参谋长和克格勃主席、第一副主席等。获得大将军衔时最年轻的是切尔尼亚霍夫斯基（不到 38 岁）；年龄最大的是克格勃副主席齐涅夫（71 岁）。

苏联 / 俄罗斯将官军衔 （苏联 / 俄罗斯

■ 简要介绍

苏俄将官军衔是低于元帅和大将而高于校官的军衔，包括上将、中将、少将三级。其标识是从上将开始区分兵种，加兵种符号，底板为兵种 / 勤务色。

■ 军衔设置

早在十月革命前，沙俄军队的军衔制度已经实行了两个多世纪，那时就设立了将官，不过没有之后分得这么细。肩章最早出现于 1763 年，1807 年时，俄军用带穗肩章代替肩章，1854 年又规定，将官在行军服上佩戴肩章，在礼服上佩戴穗肩章。1919 年，首次用红呢袖章作为将官等级和兵种识别标志。

1922 年 1 月工农红军全体人员改换统一服装后，包括将官在内的军人识别标志遂改为呢绒特制衣袋盖式袖章，镶红边。根据兵种配不同颜色，以不同数量的三角形、正方形、菱形区别将官和军士等级。1925 年 3 月，营团级"上级军官"佩戴不同数量的长矩形标志体系，旅以上"高级军官"佩戴不同数量的菱形标志体系。

1940 年 5 月正式划定将官军衔后，取消了 1935 年时制定的高级指挥人员识别标志，并制定了新的将官军衔识别标志，少将、中将、上将以及大将的领章上分别镶上了 2 颗、3 颗、4 颗、5 颗金属星。

苏联红军军衔标志（1935—1940）

苏联红军军衔标志（1940—1943）

■ 军衔标志

苏俄将军军衔制式与大将基本一致，菱形领章，从上将、中将到少将依次绣 4 颗、3 颗、2 颗金星，并在金星上方绣兵种符号，袖章为下方镶一条红边的金色矢形，矢形上方有一颗金星。

俄罗斯联邦军衔（1994—2010）

陆军、空军和海军军官

陆军和空军军衔

等级		尉官				校官			陆军和空军军官	将官			
礼服肩章	陆军												
	空军												
	空降军												
	太空军												
	战略火箭军												
常服肩章	陆军												
	空军												
	空降军												
野战制服 各军兵种通用										(1994—1997) (1997—2010)			
	少尉	中尉	上尉	大尉	少校	中校	上校	少将	中将	上将	大将		俄罗斯联邦元帅
	Мл. лейтенант	Лейтенант	Ст. лейтенант	Капитан	Майор	Подполковник	Полковник	Генерал-майор	Генерал-лейтенант	Генерал-полковник	Генерал армии		Маршал Российской Федерации
北约等级	OF-1		OF-2 OF-3		OF-4	OF-5		OF-7	OF-8		OF-9		OF-10

俄罗斯联邦军衔（2010—现今）

类别	陆空军军衔			海军军衔		袖章
	陆军部队肩章	军衔名	空军肩章	肩章	军衔名	
元帅 将官		俄罗斯联邦元帅[1] Маршал Российской Федерации			俄罗斯联邦元帅[2] Маршал Российской Федерации	
		大将 генерал армии			元帅 адмирал флота	
		上将 генерал-полковник			上将 адмирал	
		中将 генерал-лейтенант			中将 вице-адмирал	
		少将 генерал-майор			海军少将 контр-адмирал	

校尉官

尉官			大尉	校官			元帅、将官				
少尉	中尉	上尉	大尉	少校	中校	上校	少将	中将	上将	大将 1974年山脉纪 1974年以后	苏联元帅
Мл. лейтенант	Лейтенант	Ст. лейтенант	Капитан	Майор	Подполковник	Полковник	Генерал-майор	Генерал-лейтенант	Генерал-полковник	Генерал армии	Маршал Советского Союза

▲ 苏联武装力量（1955—1991）

知识链接 >>

　　从历史上来看，俄罗斯民族是一个尚武的民族，将官是最受人尊敬的人。沙皇时代，在人们眼里，将军等同于贵族；在卫国战争中，将军是英雄。即使到了今天，将军仍然是国家政治生活中引人注目的角色，每一个好士兵都想成为一名"将军"。

苏联 / 俄罗斯校官军衔 (苏联 / 俄罗斯

■ 简要介绍

苏联 / 俄罗斯校官位于其军衔体系中的第三等，是将军以下尉官以上的军衔，分上校、中校和少校三级。其中上校为副师职（正旅职）军官和正团职（副旅职）军官的主要军衔；中校为副团职军官的主要军衔；少校为正营职军官的主要军衔。

■ 军衔设置

上校一词源自意大利语"（军队之）纵队"。在法国古代的步兵部队中，上校是团长的代名词，18 世纪末法国人往往把团长和上校混为一谈。在俄国，上校一词首先出现在 16 世纪，当时人们称呼指挥团队的人为上校。少校一词源于拉丁文"大的""职位较高的""年长的"等词汇，是一个古老的军事术语。400 多年前，西班牙军队最先把少校作为军衔称号使用。

1722 年，俄国彼得一世在《官级表》中，将中校作为校官的第二级军衔称号固定下来；还把少校与岗位相搭配来表示一种固定的职位，如"基地少校""门卫少校"等。1935 年 9 月，苏联开始实行军衔制时，苏联红军取消中校，在上级指挥员即校官一等仅设上校、少校两级军衔。1939 年 9 月 1 日，又开始增设中校军衔；而红海军中在上级指挥员即校官一等设中校、少校两级军衔，同时在高级指挥员即将官一等设上校军衔。

1940 年 5 月 7 日，根据苏联最高苏维埃主席团命令，海军上校从"高级指挥员"的最低级改为"上级指挥员"的第一级。根据苏联最高苏维埃主席团命令，1943 年 7 月 24 日，将红军军人中的上级指挥员改称校官，8 月 10 日，将红海军军人中的上级指挥员改称校官。

■ 军衔标志

苏 / 俄校级指挥官制服领章制式为平行四边形，三边镶金边，底色为兵种勤务色，从上校到少校分别镶四颗到两颗金色长方形，并在最上方缀兵种符号，而大衣领章为菱形，其余和制服领章一样。上校、中校和少校肩章为两道纵线，绣三到一颗校官星徽。其余形制与将官肩章类似，也有兵种区分；海军校官肩章为金底黑边，而星徽与工农红军一样。袖章为矢形，根据衔级大小上绣数量不等的粗细红黄条，没有金星。

知识链接 >>

有意思的是，苏联二战前期将军衔级最低的一级是少将，是两颗将军星徽，40 式军衔中并无一颗将星的形制。只是有争论的一点是，因有 35 制式校官（尤其旅级指挥员）级衔在保留共存于 40 制式军衔中，会被误认为一颗星的将军。

等级	上级指挥员			
军衔标志 大衣领章				
制服领章				
袖章				
军衔名称	上校	中校	少校	大尉
(俄语名称)	(Полковник)	(Подполковник)	(Майор)	(Капитан)
北约等级	OF5	OF4	OF3	OF2

▲ 苏联校官军衔（1940—1943）

苏联 / 俄罗斯尉官军衔 (苏联 / 俄罗斯

■ 简要介绍

苏 / 俄的尉官是低于校官而高于士兵的军衔，一般而言分为大尉、上尉、中尉、少尉 4 个级别，但有时也将高级准尉和准尉包括进来。与职务的对应关系是：排长为少尉或中尉，副连长为中尉或上尉，连长为中尉或大尉，副营长为上尉或少校，营长为大尉或中校。

■ 军衔设置

在俄国，大尉称谓最早出现在 16 世纪鲍里斯·戈杜诺夫时期，人们称外国雇佣军的队长为大尉，从 1647 年起，大尉作为一级军衔称号授予新制团的连长，到 18 世纪初，所有正规军的连长都享有大尉称号。并在新制团设置了中尉军衔，起初授予步兵连和骑兵连的副连长，后来中尉被任命担任连长。少尉军衔则设于 1703 年彼得一世时期，在 1722 年颁布的《官职等级表》中，用法律的形式固定下来，一直沿用到 1917 年。

1649 年俄国军队首次称旗手为准尉。旗手通常是从最勇敢、最健壮、经过战斗考验的军人中挑选任命的。彼得一世建立正规军时，于 1712 年正式设立了准尉军衔，作为步兵和骑兵中的最低官衔。在 1722 年的《官级表》中，将准尉分为两个等级，"下级准尉"列入军士的等级，准尉列入尉官行列。

到 1935 年苏联实行军衔制，正式设立准尉和高级准尉军衔，区别于西方一级准尉、二级准尉的技术职称，苏军的准尉和高级准尉属于排级实职干部。1971 年 11 月 18 日，规定了准尉肩章。

■ 军衔标志

二战前期，苏军从上尉开始，领章上根据衔级高低镶三颗到一颗金色正方形，袖章仍以粗细间隔黄线标识，其余形制和校级一样。肩章为一道纵线，按衔级缀四到一颗尉官星徽，大尉四颗，两横两纵，上尉三颗，呈三角形，其余形制与校官一样。

等级	中级指挥员		
军衔标志	大衣领章			
	制服领章			
	袖章			
军衔名称	上尉	中尉	少尉
(俄语名称)	(Старший лейтенант)	(Лейтенант)	(Младший лейтенант)
北约等级	OF1		

▲ 苏联尉官军衔（1940—1943）

知识链接 >>

　　早期很长一段时间里，俄军里的等级观念严酷。贵族子弟或正规军校的毕业生，可以担任军官，而那些既无家世又无军校背景的，即使英勇善战，也只能担任士兵。对于后者中的佼佼者，给予"准尉"军衔，类似荣誉称号。后来，"准尉"又更多被授予那些有特定技术的军人，或是从士兵中成长起来的战斗骨干。因此，准尉虽然是军官中最低的一层（甚至算不上正式军官），但在部队中却起着重要的凝合作用。

苏联 / 俄罗斯士官军衔（苏联 / 俄罗斯）

■ 简要介绍

苏/俄士官即"职业士兵"，是高于士兵（普通士兵）但低于尉官的军衔，曾有所增加和取消，大体包括大士、上士、中士、下士4种。他们共同组成了士兵与军官之间的联系桥梁，是基层指挥员的有力助手，并提高了士兵威望。

■ 军衔设置

早在沙俄时期，其陆海军士官军衔中士有下士、上士和司务长。十月革命后，苏联人民委员会于1917年颁布《关于全体军人权利平等》法令，废除了军衔制，工农红军中的指挥员只按职务区分等级，下级军官包括副班长、班长、副排长、司务长。

到了1935年，苏联又实行军衔制，规定军衔分陆空军、海军和政工人员三类。其中陆空军军衔下级士官称为班级、副排级、大士，海军类似；政工人员中没有士官相应的称谓。1940年11月2日，取消了大士。

其后经过多年的演变，2011年10月，时任俄罗斯国防部部长的阿纳托利·谢尔久科夫在实施军队改革期间曾提出过设立大士职衔的想法，但当时没有具体确定大士的地位和职责，未能实施。至2019年5月24日，俄罗斯武装力量再次增加新的"大士"军衔。大士主要来自那些服役多年的优秀士官，他们拥有在基层管理士兵工作的丰富经验，可以帮助军官做好士兵的思想工作，成为基层指挥员的主要助手。至此，俄罗斯的士官形成了大士、上士、中士、下士的完整体系。

■ 军衔标志

苏联士官（及士兵）领章无边线，大士到上等兵在领章正中绣一道彩色横线，大士一条横线四个三角形、上士一条横线三个三角形、中士一条横线两个三角形、下士一条横线一个三角形、上等兵一条横线、红军战士只缀兵种勤务符号。肩章以横线和纵线条数区分，无边线，兵种之间以底色并缀以兵种符号区分。

在俄军一些部队中一直需要有士官帮助初级和中级军官进行工作。俄罗斯重新设立大士官衔后，负责管理士兵工作是其主要任务，而初级军官则负责更重要的其他工作。俄罗斯《国家军火库》杂志主编维克多·穆拉霍夫斯基表示，俄军计划引入大士军衔，主要是为解决部队初级指挥人员不足问题。

礼服肩章				
军衔名称	下士 (Мл. сержант)	中士 (Сержант)	上士 (Ст. сержант)	大士 (Старшина)
军兵种符号				
军兵种色	骑兵	装甲兵	军医 兽医	工兵
北约等级	OR-4	OR-6	OR-7	OR-8

▲ 苏联士官军衔（1943—1955）

苏联 / 俄罗斯士兵军衔（苏联 / 俄罗斯

■ 简要介绍

苏 / 俄士兵军衔是普通士兵使用的军衔，包括上等兵和列兵两种。根据兵种以不同颜色、形状的特制领章、袖章、肩章等作为识别标志。它从 18 世纪初至今，经历了多种变化。

■ 军衔设置

列兵是军队中的最基层人员，俗称"士兵"。1716 年，俄国开始将上等兵设于步兵、骑兵、工兵中，授予屡建战功或长期服役的士兵，1722 年的《官职等级表》规定，在陆军中设上等兵、上等炮手，海军中设上等水兵。

十月革命后，苏联人民委员会于 1917 年 12 月 29 日颁布《关于全体军人权利平等》法令，认为军衔制是剥削阶级军队的产物，因而明令予以废除，转而采用某级指挥员与战士称呼来区分。于是将列兵改称红军战士。1935 年 9 月 22 日，苏联中央正式作出实行军衔制度的决议，指出"军衔将清楚地表现出指挥员和首长的军事、专业水平，军龄和功绩，权力和威望"，有利于加强军队建设。还认为"军衔是正确组织全军人员服役、调配及合理使用干部的重要条件"，不过当时只是确立了军官的军衔，而陆空军列兵仍称红军战士，海军列兵则称红海军战士。

二战时期，曾经有过"上等战士"和"战士"的名称出现。直到战后的 1946 年，苏联又恢复列兵军衔，从此，士兵仍然划分为上等兵与列兵。

■ 军衔标志

二战时期，上等战士和战士的肩章以横线和纵线条数区分，无边线，兵种之间以底色并缀以兵种符号区分，其中列兵上面有"CA"（苏军）；上等红海军战士只有金边红星，红海军战士为一颗无边红星。红海军士兵衔级肩章比工农红军少一级，肩章上的字母表示所属标识缩写，如 Φ 指海军（或单指不在各舰队范围内的海军部队）；С Φ 指北方舰队；Ч Φ 指黑海舰队；Б Φ 指波罗的海舰队；Т Φ 指太平洋舰队。

苏俄士兵的军衔标志主要在于其各领章的兵种勤务色识别。其中，步兵为红色；骑兵、快速部队为深蓝色；航空兵为天蓝色；炮兵、坦克兵、工程兵、通信兵、技术兵为黑色；内勤和行政人员为绿色；军事医务人员则为粉红色；边防军为深红色等。除指挥员外，其他人员领章的边线、横线颜色则根据底色而定：红色底、深红色底则镶黑边，其他颜色底镶红边。

	列兵	上等兵
礼服肩章	112	17Ⅲ
军衔名称	列兵 (Рядовой)	上等兵 (Ефрейтор)
军兵种符号	⚔	✦
军兵种色	步兵	空军
北约等级	OR-1	OR-2

▲ 苏联士兵军衔（1943—1955）

POLITICAL COMMISSAR

苏联政工军衔（苏联）

■ 简要介绍

苏联政工军衔是 1935 年至 1943 年为政治工作人员（政委、指导员、政工战士）设置的衔级，包括高级、上级、中级和初级政工人员四个等级。他们在军队官兵中，除了进行政治思想指导工作外，还经常带头冲锋，并负责战时监督，往往具有部队的最高决策权。

■ 军衔设置

1935 年，苏联将军衔分为陆空军、海军和政工人员三类，政工人员军衔的称谓是政工大士、政工上士、政工中士、政工下士（初级政工人员）、上尉政治指导员级、大尉政治指导员级（中级政工人员）、二级营政委级、团政委级（上级政工人员）、旅政委级、师政委级、军政委级、二级集团军政委级、一级集团军政委级（高级政工人员）。另外在规定上述军衔的同时，还规定了军事技术人员、军事经济人员和行政人员、军事医务和军事兽医人员以及军事司法人员的军衔。

随着苏联武装力量的发展，军衔的等级逐渐增多，军衔的称谓也进行了部分变动。1937 年，政工人员增设了中尉政治指导员级；1939 年，又增设了一级营政委级。

1943 年，根据最高苏维埃主席团命令，在工农红军中取消了政工军衔，红海军最迟于 1945 年取消。

■ 军衔标志

苏军政工军衔标志为领章制式，高级按衔级大小级四颗到一颗菱形星徽，领章边线为黑色。上级为长方形星徽，中级为正方形星徽，初级为三角形星徽。同时政工人员袖口佩戴内绣镰刀斧头图案的红底金边五角星，初级政工人员五角星没有金边。

知识链接 >>

苏联红军中的政治工作人员，当时可不是仅仅喊喊口号的，还要带头冲锋，负责战时监督等工作，往往具有部队的最高决策权，也是敌人除之而后快的对象，所以战争初期政工人员伤亡颇大，因为标识太明显了，这也是后来修改军衔的原因之一。

一级集团军级政委或一级舰队政委（1935—1942）

INTERNAL TROOPS OF RUSSIA

苏联 / 俄罗斯内务部队军衔 (苏联 / 俄罗斯

■ 简要介绍

苏联 / 俄罗斯内务部队即内卫部队和特务部队的合称，是苏维埃政权成立初期创建的一支特殊部队，是曾经仅次于苏联红军的国家武装力量的重要组成部分。它属于苏 / 俄联邦内务部，由内务部指挥和管理；部队司令由内务部副部长兼任，实行自上而下的垂直领导。

■ 军衔设置

苏 / 俄内务部队的前身是沙俄时期的地方卫戍部队和特种部队。1816 年，沙皇政府在两者的基础上，合并组建了独立内卫部队。十月革命之后，苏维埃政府领导人创建了苏联红军。不久之后，组建职能特殊的辅助性安全部队，比如特务部队和武装护卫部队。在接下来的几十年间，由于安全需要，苏联对安全部队进行了改革。1939 年，苏联人民内部事务委员会对苏联安全部队的指挥控制体系进行了重大调整，后来改编为内务委员会。

1943 年，苏联建立了完全独立的内务部，取代了此前的内务委员会，指挥所有的内务部队，负责保护在前线作战的苏联红军后方的安全。在卫国战争期间，这支部队又担负起保卫领导机关、铁路、重要工业目标以及红军后方基地安全的重任，著名的克格勃情报机构也仅仅是它的下属机构。一系列的战斗，铸造了内卫部队的声名，使其成为仅次于苏联红军的国家武装力量的重要组成部分。苏联解体后，这支在世界武装警察和宪兵部队中享有很高声誉的部队也被独联体国家分割。俄罗斯联邦接管了这支部队的大部分兵力，并让其在联邦中继续发挥维护国家安全和稳定的重要作用。

历史上，内务部队属于政府首脑，其最高长官往往由内务部副部长兼任，历届司令获得准将、少将军衔的不乏其人。

■ 军衔标志

35 制式的内务部队衔级完全和作战部队不同，后改成与苏军衔章制式类似，只是领章是红底暗红色镶边；到了 1940 年改制，就完全与普通部队一样了，区别在于仍戴的是蓝帽子。另外，内务部队的军士没有上、中、下衔级之分，军士再下面就是列兵了。其边防部队按配属地域分为 9 个军分区，区分标识为臂章。如虎头臂章属于东部地区内卫部队，北高加索地区用奔马图案，独立作战师则为豹子图案。

苏联解体后，俄罗斯接收了大部分的内卫部队，这支部队先后被派到外高加索、中亚等17个不同地区执行作战、戒严、制止武装冲突的任务，取得了显赫的战绩，被公认是处置暴乱、骚乱事件的排头兵。

内卫部队肩章

| 内卫部队司令部 | 中央军区 | 西北军区 | 北高加索军区 | 伏尔加军区 |
| 乌拉尔军区 | 西伯利亚军区 | 东部军区 | 独立作战任务师 | |

▲ 俄罗斯内务部队肩章

INSIGNIA OF THE GERMANY FUHRER

德国的元首军衔（德国）

■ 简要介绍

德国"元首"称号是希特勒 1935 年的自称，虽然从理论上讲，这一衔级并不是军衔称谓，但从它是德国武装力量最高统帅的正式称谓看，将它列入当时行军军衔表中的最高等级也不为过。

■ 军衔设置

阿道夫·希特勒（1889—1945）出生在奥地利布劳瑙，1914 年 8 月，参加第一次世界大战，1919 年 9 月，加入德国工人党并担任党主席团委员，1921 年 7 月，成为德国工人党元首，享有指挥一切的权力。1923 年 11 月 8 日，希特勒发动啤酒馆暴动失败，1933 年上台成为德国总理。1938 年 3 月 11 日，占领奥地利，后掀起第二次世界大战欧洲战场的序幕。

在 1935 年时，希特勒自称"元首"，全称为"德国领袖和帝国总理兼武装力量最高统帅"。1941 年 12 月起，他又兼任陆军总司令。从此至 1945 年战争结束自杀止，他这一"元首"始终是凌驾于德军其他元帅、将军、校官、士兵之上的最高军事长官。

■ 军衔标志

希特勒虽称"元首"，其实他平时穿着的军衔标志，是与"帝国元帅"同样的。肩章底板为呢制，用 2 股金绳和 1 股银绳编成 2 道线辫，上缀银质交叉的权杖；领章为呢制平行四边形，用金线刺绣 6 个花饰。

知识链接 >>

德军的最高军衔，实际上是元帅。自 1935 年至 1945 年二战结束前，德国军官共有 26 人晋升为元帅，计陆军 19 人、海军 2 人、空军 5 人。另外，戈林更在 1940 年被授予"帝国元帅"称号，成为当时欧洲各国军衔最高的军人。

▲ 希特勒（右）和墨索里尼（左）

德军党卫队军衔（德国）

■ 简要介绍

德军党卫队军衔是 1934 年起党卫队升格为独立的武装集团后正式使用的，它也从而成为德国独有的一种军衔设置。主要包括高级长官（区队长以上）、上级长官（旗队长至二级大队长）、初级长官（中队长）和下级长官（小队长）等；后来还有党卫队上校（旗队长）等。

■ 军衔设置

党卫队原是专为希特勒设立的个人随护团，后隶属于冲锋队。1925 年，党卫队从冲锋队中独立，专于反刺杀情报搜集、政风监察，1929 年后演进成执行调查、审问、治安、维护、巡逻等任务的治安部队，最重要的是对内部与冲锋队的监控。

之后，随着党卫队全国领袖希姆莱担任德国内政部长成立将置于国家的警政情治的国家安全局，党卫队更成为德国实质上的国家公安单位，进一步成为谍报"监视"收容的治安组织。

1934 年，党卫队升格为独立的武装集团，正式使用党卫队衔阶称谓，设立了高级长官、上级长官、初级长官和下级长官。从 1939 年起，党卫队正式编成党卫队野战部队（或称武装党卫队、党卫军、W-SS 等），开始使用党卫队野战部队衔阶称谓。

INSIGNIA OF RANK AND COLOR OF ARM

INSIGNIA OF

The Armed Elite Guard (Waffen-SS) wear collar patches similar to those worn by the General SS (Allgemeine SS), except that the General SS noncommissioned officers and enlisted men wear an intertwined black and white braid around the edge of their collar patches. SS-Polizei (Police) wear collar patches similar to those of the Army. Waffen-SS troops wear shoulder straps after the Army style, while General SS members wear special shoulder straps. Individuals can hold rank in both the Waffen-SS and the General SS. In the same way, Army personnel can hold rank in the General SS. The title for private in the General SS is SS-Mann (SS Man). The ranks of sergeant major and of private 1st class are omitted in the General SS. General SS enlisted men do not wear chevrons or lozenge to indicate grade. Above is illustrated a sergeant of Waffen-SS artillery

COLORS OF THE ARMS

CONCENTRATION CAMP GUARDS — Light Brown	TANK, ANTITANK TRO — Pink
ARTILLERY — Bright Red	MILITARY GEOLOGISTS — Salmon Pink
VETERINARY CORPS — Crimson	REPLACEMENT SERVIC ENGINEERING OFFICE — Orange-Red

■ 军衔标志

党卫队高级军衔的领章底色为黑色，标志为银色，中队长以上装饰银色镶边，小队长在领边装饰银色饰条。其中领袖为 3 片橡树叶环绕橡树枝花环；总指挥（大将）为 3 片橡树叶和 3 颗菱形星；副总指挥（上将）为 3 叶 2 星；地区总队长（中将）为 3 叶 1 星；旅队长（少将）为 3 叶无星；区队长（准将）为 2 叶；旗队长（上校）为 1 叶。其余往下则以菱形星数目和纵线区分衔级大小。

OFFICERS

SS
held by
o is also

GENERAL
Generaloberst der Waffen-SS
(Oberstgruppenführer in Genl SS)

LIEUTENANT GENERAL
General der Waffen-SS
(Obergruppenführer in Genl SS)

MAJOR GENERAL
Generalleutnant der Waffen-SS
(Gruppenführer in Genl SS)

FIELD OFFICERS

RAL
affen-SS
enl SS)

SENIOR COLONEL
Oberführer
(Mountain Troops)

COLONEL
Standartenführer
(Infantry)

LIEUTENANT COLONEL
Obersturmbannführer
(Artillery)

COMPANY OFFICERS

CAPTAIN
Hauptsturmführer
(Supply Troops)

1ST LIEUTENANT
Obersturmführer
(Artillery)

2D LIEUTENANT
Untersturmführer
(Infantry)

CAVALRY AND MOTORIZED RECONNAISSANCE UNITS	Grass Green	RIFLE REGIMENTS OF SS-POLIZEI DIVISIONS	Burgundy Red
		JUDGE ADVOCATE GENERAL'S DEPARTMENT	
	Sky Blue	ADMINISTRATION	
SIGNAL AND PROPAGANDA TROOPS	Dark Green	RESERVE OFFICERS	Dark Blue
		MEDICAL TROOPS	
	Light Gray	GENERAL OFFICERS	
MOUNTAIN INFANTRY	White	INFANTRY	Light Blue
		SUPPLY TROOPS AND TECHNICAL SERVICES	

▲ 德军党卫队

印度官兵军衔（印度）

■ 简要介绍

印度军队的军衔始建于 1947 年，虽然脱胎于英联邦，但也有自己的特点。其军衔按军种分为陆军、海军、空军 3 种，按等级则分为军官、低级委任军官、士兵和短期委任军官 4 类。另外为了奖励军功，还设立荣誉军衔。

■ 军衔设置

1947 年，印度取得独立，开始组建自己的军队，也开始设立其配套的军衔。由于在近代印度一直是英国的殖民地，其军事制度包括军衔制度都深受英国影响，因此今日印度陆军的军衔设置及其军衔标志依然透露出浓浓的英伦风。目前，印度与英国相同的陆军军官军衔分为 4 等 10 级，即元帅，将官三级（上将、中将、少将），校官四级（准将、上校、中校、少校），尉官两级（上尉、中尉）。其中准将属于校官，相当于其他国家的大校；取消了少尉这一军衔。

而比较特殊的是，印度军队还设立"低级委任军官"，它可以视为是英国殖民统治的产物。英国统治印度期间，从印度士兵中物色一些熟悉部队生活、有一定作战经验和通晓英语的老兵，作为"总督委任军官"协助英国指挥官控制和管理军队中的印度人。这种军官分为 3 个等级，相当于少校、中尉、少尉。1947 年以后，这种制度仍沿用至今，其名称改为"低级委任军官"，分一、二、三级。

另外除正规军衔外，印度还为奖励军功设立了荣誉军衔，包括荣誉上将、荣誉中将以及荣誉下士，其中荣誉将、校官只晋衔不提职不加薪；而下级荣誉军官仅增加月薪；荣誉士兵一般在退伍前根据服役表现授予。

■ 军衔标志

印度陆军肩章底板为绿色，元帅肩章图案为国徽、交叉的权杖和军刀及环绕的莲花花环；陆军上将标志为国徽、莲花五芒星、交叉的权杖和军刀；中将为国徽、交叉的权杖和军刀；少将为莲花五芒星、交叉的权杖和军刀。陆军校官军衔标志由印度国徽和不同数量的莲花五芒星构成。准将至中校分别为国徽加 3 颗、2 颗、1 颗五芒星；少校仅为国徽，没有五芒星。陆军尉官仅有两级，其军衔标志为不同数量的莲花五芒星：上尉 3 颗、中尉 2 颗。

INDIAN ARMY

| General 1 | Lt. General 2 | Maj. General 3 | Brigadier 4 | Colonel 5 | Lt. Colonel 6 | Major 7 | Captain 8 | Lieutenant 9 |

INDIAN AIR FORCE

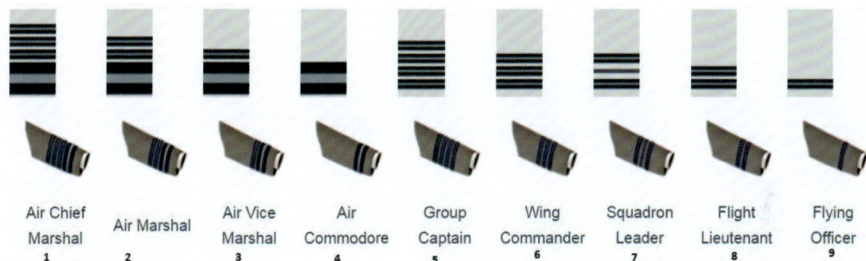

| Air Chief Marshal 1 | Air Marshal 2 | Air Vice Marshal 3 | Air Commodore 4 | Group Captain 5 | Wing Commander 6 | Squadron Leader 7 | Flight Lieutenant 8 | Flying Officer 9 |

INDIAN NAVY

| Admiral 1 | Vice Admiral 2 | Rear Admiral 3 | Commodore 4 | Captain 5 | Commander 6 | Lieutenant Commander 7 | Lieutenant 8 | Sublieutenant 9 |

▲ 印度锡克轻步兵部队

知识链接 >>

印度军官职务编制军衔特点是"一职一衔"，其职务与军衔的对应关系几乎到了苛刻的程度，一定军衔的军官只能担任与之对应的职务。军官晋升军衔后随之调整职务，或职务提升后随之晋升军衔。如某连长提升为营长，不论其原军衔是上尉还是少校，现军衔则必须晋升为中校。

PURPLE HEART

美军紫心勋章（美国）

■ 简要介绍

美军的紫心勋章于 1782 年 8 月 7 日由乔治·华盛顿将军设立，专门授予作战中负伤的军人，也可授予阵亡者的最近亲属。因此它是世界上仍在颁发的历史最悠久的军事荣誉，而且是第一种向普通士兵颁发的勋章，被美军官兵称为"永远的紫心"。

■ 勋章设立

1782 年 8 月 7 日，美国独立战争时期，乔治·华盛顿将军在纽约新堡的司令部发布命令，将紫心勋章作为军功章颁发，当时叫军功章。在独立战争后 150 多年，紫心勋章却再未颁发。直到 1932 年乔治·华盛顿 200 周年诞辰之际，美国总统发布命令重设紫心勋章，以纪念华盛顿总统的伟大功绩。同年 2 月 22 日，战争部发布第 3 号命令，正式恢复紫心勋章。文件规定，紫心勋章以美利坚合众国总统名义颁发给在军事行动中负伤的美国军人或牺牲军人的直系亲属，以表彰他们的勇敢无畏和自我牺牲精神。按照规定，凡是在 1917 年 4 月 5 日后荣获过服役功勋证书、陆军战伤勋带和战伤 V 形章的士兵，都可以申请颁发紫心勋章。

1941 年，根据国会设立军功奖章的法案，在对敌作战中负伤的士兵和表现优异的士兵可以获颁紫心勋章，同时不再向战功突出者颁发紫心勋章。1942 年 12 月规定，所有受伤或阵亡的勤务人员都可以获得紫心勋章。

1962 年时，紫心勋章开始可以追授；1984 年 2 月 23 日进一步规定，1973 年 3 月 28 日后在恐怖袭击或维和任务中伤亡的人员可以获颁紫心勋章。1985 年又规定，由于己方火力误伤的或受伤被俘者也可以颁发紫心勋章。

■ 勋章组成

1932 年版的紫心勋章为金属质地，造型为圆润心形，镶金边；正中有华盛顿的半身像，顶部有华盛顿的盾徽。之后设计的紫心勋章成为造价最为高昂的军事勋章之一，勋章外表镀金，还要施加紫色及其他颜色的珐琅。章的背面同样有凸起的华盛顿徽章，下方铸有"因军事功绩而颁发"的字样以及获得者的姓名。

▲ 美军紫心勋章

知识链接 >>

　　1782 年时紫心勋章的形状设计是："用紫色的布或绸子制成心形，有窄花边或镶边。"现在看来这样的勋章相当简陋，不过那一批紫心勋章现存很少，颇为珍贵。在美国独立战争期间一共只有 3 人获得过这种勋章，这 3 人均为士官，由此紫心勋章成为最早向普通士兵颁发的勋章。至今，这 3 枚珍贵的织品紫心勋章中还有 2 枚存世，成为弥足珍贵的文物。

SILVER STAR

美军银星勋章（美国）

■ 简要介绍

美军银星勋章的前身是 1918 年 7 月 9 日设立的嘉奖星，1932 年 7 月 19 日正式改为银星勋章，并经 1963 年 7 月 25 日国会法修正后，成为美军介于十字勋章与国防部服役勋章之间的高等勋章。

■ 设立过程

1918 年 7 月 9 日，美国国会宣布法令，为了表彰官兵面对敌人时的英勇行为，决定设立嘉奖星。1932 年 7 月 19 日，美国战争部下令以银星勋章取代一战时设立的嘉奖星，同时规定，在第一次世界大战中因英勇行为获得嘉奖勋章的士兵，可以申请将该勋章换为银星勋章；英勇单位集体嘉奖被认为是一个战斗单位等级的银星勋章。

1942 年 8 月 7 日，美国国会授权美国海军使用银星勋章；12 月 15 日，授权美国陆军使用银星勋章。现存关于银星勋章的规定位于美国法典的第十卷。到了 1963 年 7 月 25 日，国会法再次修正了银星勋章颁发条例。荣获银星勋章的条件与杰出服役十字勋章一致，只是英勇程度稍低些，但行为表现要明显突出，由此成为一项美军跨军种通用勋奖和美国联邦军事勋奖中等级最高的军事奖章，也是能够颁发给美国军队各军种的第三高等级勋章。

■ 勋章组成

银星勋章主体是一个金色五角星，金星的中央是一圈月桂花环，环绕着正中大的银色五角星和金色的射线。勋章的背面刻有"授予行动中的英勇行为"字样。绶带中央是一条代表荣誉的红条，向外则是交错的蓝白条带。

知识链接 >>

美国国防部没有保留银星勋章具体的授予记录。独立调查显示：自从该勋章创立以来，大约授予了 10 万到 15 万枚。大卫·哈克沃思上校是被授予银星勋章次数最多的个人，他在朝鲜战争和越南战争期间，得到了 10 枚银星勋章，另外还有两枚杰出服役十字勋章。

▲ 美军银星勋章

MEDAL OF HONOR

美军荣誉勋章（美国）

■ 简要介绍

荣誉勋章是美国政府根据 1862 年的美国国会法而设立的，是美国国家颁发的最高军事荣誉勋章，颁授范围面向美国武装力量所有分支的成员，包括陆军、海军、空军、海军陆战队和海岸警卫队。

■ 设立过程

美国从独立战争时期到 19 世纪 40 年代都设立过表彰军人英勇行为的勋章，但大多是临时性的，战争结束后即废止。1861 年美国内战爆发后，依阿华州参议员詹姆斯·格兰姆斯建议美国陆军总司令温菲尔德·斯科特将军设立一项永久性荣誉表彰表现勇敢、功绩突出的军人，但斯科特没有接受。然而这一建议却被美国海军接受，林肯总统在 1861 年 12 月 21 日签署法令，设立海军英勇勋章，授予"在当前的战争中英勇表现异于常人的海军军官、水兵和陆战队员"。海军部部长吉迪恩·韦尔斯委托费城造币厂设计、制造这款勋章。

1862 年 7 月 12 日，美国陆军继美国海军之后，将英勇勋章引入陆军的奖励体制中；1863 年 3 月 3 日，国会修正了最初的法律，将勋章的发放范围扩大，所有的军官都有权申请勋章，从此被统一称为荣誉勋章。不过，它只授予最勇敢的勇士，并且是英勇行为能被证明的勇士，由担任美国武装力量最高统帅的美国总统亲自颁发，所以荣誉勋章获得者是很少的，因此成为所有美国军人的最高荣誉。从那时开始，超过 3460 枚勋章被颁发给美国军人和海岸警卫队员，以及少数英勇的平民。

■ 勋章结构

美国荣誉勋章是海、陆、空三军的成员皆有资格获颁的荣誉，而每个军种授予的荣誉勋章各有其独特的设计。比如陆军荣誉勋章主体是一个金制的五角星，每个角以三叶草作为装饰。五角星被绿色的月桂叶围绕着，五角星上面悬挂着一块写有"英勇"的小牌子，牌子上站立着一只展开翅膀的鹰，在五角星中的自由女神头像被 "UNITED STATES OF AMERICA" 围绕着，反面雕刻有 "THE CONGRESS TO"。

1862—1895 年 的 陆 军 版
荣誉勋章

1896—1903 年 的 陆 军 版
荣誉勋章

1904—1944 年 的 "吉
列斯皮" 样式的陆军
版荣誉勋章

1862—1912 年 的 海 军 版
荣誉勋章

1913—1942 年 的 海 军 版
荣誉勋章

1919—1942 年 "蒂芙尼十字"
样式的海军版荣誉勋章

▲ 从左到右分别是现今的陆军、海军 / 陆战队、空军的
荣誉勋章式样

知识链接 >>

现在的美国海军荣誉勋章主体
与陆军相似，但五角星由一圈月桂叶围
绕着，每个角上有橡叶作为装饰。在勋章中
央，一个由 34 颗星组成的圆圈代表了美
国 1862 年的 34 个州，自由女神的左手
放在象征力量的罗马权杖上面，右手
举着象征美国武装力量的盾牌。奖
章用一个锚悬挂在绶带上。

DEFENSE DISTINGUISHED SERVICE MEDAL

美国国防部杰出服役勋章（美国）

■ 简要介绍

美军杰出服役十字勋章是美军官兵能被授予的第二高等级的勋章，授予那些在战斗中作出了极度英勇的行为，但不足以颁发荣誉勋章的美军人员。它主要包括陆军、海军、空军、陆战队杰出服役十字勋章，有时还有飞行优异十字勋章。

■ 设立过程

第一次世界大战前，美军用于表彰英勇行为的勋章只有荣誉勋章一种，鉴于此种情况，美国欧洲远征军司令约翰·潘兴建议效仿欧洲各国，设立新的用于表彰美国军队成员英勇行为的勋章。1917 年 12 月 28 日，战争部部长向美国总统提出了设立杰出服役十字勋章的请求，时任美国总统的威尔逊于 1918 年 1 月 2 日正式批准。

最初的杰出服役十字勋章主要颁发给陆军，后来又设立了海军十字勋章、空军十字勋章。1962 年 7 月 2 日，国会决定设立飞行优异十字勋章，成为一项美军跨军种通用勋奖，授予"于 1918 年 11 月 11 日之后，飞行任务时表现出英勇行为或有特殊功绩者"。在此之前立功的人员也可被授予此奖，前提是他未因此功而被授予荣誉勋章和杰出服役十字勋章。

▲ 美国国防部杰出服役勋章

■ 勋章结构

陆军杰出服役十字勋章主体为青铜材质，中央刻有一只被花环包围的老鹰，在鹰的下方有一纸卷，上刻"为勇气"（FOR VALOR）字样。在勋章的反面，被花圈环绕着的中央留空，用以刻上受勋者的名字。勋章绶带宽 35 毫米，中央为皇室蓝条带，边缘则是细的白色和红色的条带。空军十字勋章的绶带也采用了类似的设计。

UNITED STATES OF AMERICA

WHO SHALL SEE THESE PRESENTS, GREETING:
THIS IS TO CERTIFY THAT
THE SECRETARY OF DEFENSE
HAS AWARDED

SE DISTINGUISHED SERVICE MEDAL.

TO

Norton A. Schwartz, United States Air Force

FOR
RAORDINARY MERITORIOUS SERVICE
E ARMED FORCES OF THE UNITED STATES

EN UNDER MY HAND IN THE CITY OF WASHINGTON
THIS   1st   DAY OF   July   2008

SECRETARY OF DEFENSE

▲ 美国国防部杰出服役勋章

知识链接 >>

美军飞行优异十字勋章主体为铜质十字，十字缝隙中有放射线条。勋章正面十字上有突出的十字螺旋桨图案，同时放射线条组成一个方形。背面无图案但刻有获得者的名字及军衔级别。两次以上获得该勋章的陆军及空军人员在佩戴时加铜橡叶章装饰，5枚铜橡叶章折合1枚银橡叶章；两次以上获得该勋章的海军、海军陆战队、海岸防卫队人员加金星章装饰，5枚金星章折合1枚银星章（非银星勋章）。

DEFENSE SUPERIOR SERVICE MEDAL

美国国防部优异服役勋章（美国）

■ 简要介绍

国防部优异服役勋章，是美国政府表彰美国军人的一种荣誉奖章。在等级顺序上，这种国防部授予的勋章，介于优异服役十字勋章和各军种的优异服役勋章之间，在勋章级别上位列第三。

■ 设立过程

1970 年 7 月 9 日，时任美国总统尼克松，颁布第 11545 号总统令，设立国防部优异服役勋章。这种勋章由国防部部长亲自授予，表彰那些在国防部、联合参谋部或其他联合部门，任职并担负特殊和重大责任时，表现特别优异的军官。比如参议会主席、副主席、军种司令官、副司令，联合参谋部主任等。也可授予为国家安全或国防作出杰出贡献，协助上述高级军官完成一系列责任的人。

但是，因在某一服役期内表现出色而获得优异服役勋章或类似勋章的任何个人则不再被授予国防部优异服役勋章。

美军历史上，多人获得国防部优异服役勋章。

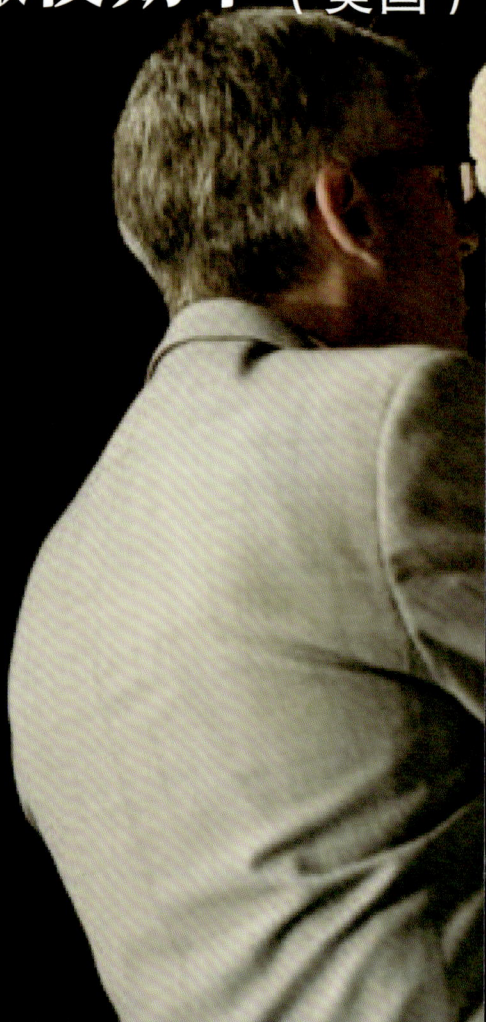

▲ 美国国防部优异服役勋章

■ 勋章样式

美军国防部优异服役勋章为金色，后方设计有蓝色的五角大楼图案起强调作用，主体图案是象征美国的展翅秃鹰，鹰爪踩着三支利箭，胸前有一个美国盾牌。外侧装饰环上方是代表美国建国之初 13 个州的 13 颗星，下半环左侧是月桂花环，代表胜利，右侧是橄榄枝，象征和平。上方与吊带结合部是五道金光。勋章背面有浮雕字样题词，装饰环上是"为优异服役设立"，五角大楼内部的题词为"由国防部授予"。绶带为蓝、黄、红三色，与勋表样式相同。

▲ 美国国防部优异服役勋章

知识链接 >>

所谓"勋表",又称"略章"或"勋略",是军人、警察用来代表勋章、奖章等奖励的一种证章。由于军人所获得勋章或奖章只能在下班后佩戴在队列礼服、白色常服上,士兵则只能佩戴在制服上,所以用统一规格的长方形板条来代替。其式样通常与所代表的勋章、奖章的绶带一致,通过条纹、色彩(有时候还包括一些饰件)区别不同的奖励。

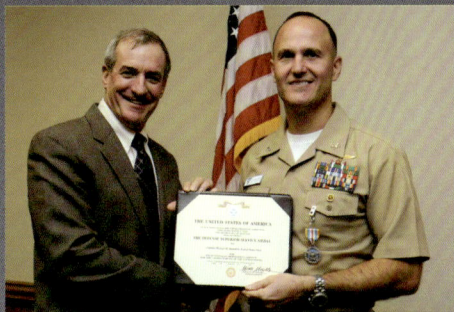

LEGION OF MERIT

美军功绩勋章（美国）

■ 简要介绍

美军功绩勋章是 1942 年 7 月 20 日由美国国会决定设立的。这种勋章授予美国武装部队或盟军中在服役期间功绩卓著的人员（通常是主要人员）。授予美国国民功绩勋章时不分等级，每次奖励均颁发一枚功绩勋章。

■ 设立过程

1937 年 9 月，美国已经开始建议设立功绩服役勋章，但是没有正式提交议案。1941 年 12 月 24 日，总军需长收到来信，信中要求正式设立功绩服役勋章。1942 年 1 月 5 日，总军需长办公室和贝利、班克斯、比德尔准备了勋章设置方案，提交给负责人事的参谋长助理。4 月 3 日，参谋长助理希德林回复总军需长，表示陆军部批准了设计方案，勋章名称改为"功绩勋章"，将在国会批准后开始颁发。

同年 7 月 20 日，671—77 国会法案第 508 章第 2 节立法设立了功绩勋章，规定了勋章的授予标准、级别和规则。1942 年 8 月 5 日，陆军部第 40 号公报发布了勋章，10 月 29 日，罗斯福颁布第 9260 号总统令，明确了功绩勋章的各个级别以及授予规则，要求只有总统批准方可授予。1943 年，应陆军参谋长乔治·马歇尔将军要求，功绩勋章批准权限被委托给陆军部。1955 年 3 月 15 日艾森豪威尔颁发第 10600 号总统令，再次修订了勋章授予标准。

■ 勋章样式

功绩勋章由一圈绿色花环（4 块）围绕，底部是一块金色蝴蝶结。内侧是两枚金色交叉箭头，花环之间是白色箭头形标志。外围是深红色镶边组成五角星图案。箭头的 V 形边角有金色圆球，勋章中心部位是蓝色背景，上面嵌有 13 颗白星，表现美国的国玺。外围包裹着金色云团（14 个）。

▲ 美军功绩勋章

一个或数个方面军参加的大型战役而使战略态势发生了有利于苏军变化的苏联武装力量最高领导人员。

■ 勋章历史

1943 年 6 月，苏军司令部一名上校提议设立一种名叫"祖国忠诚勋章"的勋章，随即设计工作开始进行。在众多的设计稿中，卫国战争勋章的设计者库兹涅佐夫的设计稿被采用，经过一系列修改之后，在 10 月 20 日被斯大林选中，勋章名称也被确定为"胜利勋章"。11 月 8 日苏联最高统帅部颁布命令，正式设立该勋章。

胜利勋章旨在表彰顺利完成一个或数个方面军战役并使战争全局朝着有利于苏联方面发展的苏联高级军事首长和外国统帅，因此是世界上荣获人数最少的勋章之一，荣获者全部为苏军最高级别的将领。如斯大林为最高统帅，朱可夫为最高副统帅兼白俄罗斯第 1 方面军司令员，华西列夫斯基为总参谋长、白俄罗斯第 3 方面军司令员，罗科索夫斯基是白俄罗斯第 2 方面军司令员，科涅夫是乌克兰第 1 方面军司令员，马利诺夫斯基是乌克兰第 2 方面军司令员，托尔布欣是波罗的海沿岸第 3 方面军司令员，戈沃罗夫是列宁格勒方面军司令员，铁木辛哥是西北方面军司令员，安东诺夫是总参谋长，梅列茨科夫是远东第 1 方面军司令员；除安东诺夫的军衔是大将外，其余全部为苏联元帅。

另外，该勋章还授给了二战时期的外国军事家，如铁托、艾森豪威尔、蒙哥马利等。

■ 勋章外观

胜利勋章直径达 72 毫米，主体框架为白金制造。其外形呈凸起的五角星形，每个角间有发散状光芒。勋章上镶嵌 150 枚钻石；5 个角镶有俄罗斯天然红宝石。勋章的正中装饰着一枚蓝色圆形珐琅，其基底为纯银制成。珐琅上嵌有黄金铸造的莫斯科克里姆林宫宫墙、钟楼和列宁墓等图案，图案外围被两条金色橡叶花饰环绕。钟楼图案的正上方是俄文 CCCP 字样（苏联的简写），下方有一红色金边珐琅缎带，上面有白色珐琅质俄文"胜利"字样。

◀ 英国陆军元帅蒙哥马利于 1945 年 6 月 5 日，在美国艾森豪威尔将军、苏维埃陆军元帅朱可夫和陆军元帅亚瑟·泰德的陪同下获得了苏联胜利勋章

知识链接 >>

胜利勋章造价不菲，克里姆林宫图案由黄金镏成，背景蓝天为蓝宝石，红地为红宝石，白边和光芒用镶有钻石的白金条拼接而成。由于大量使用白金和钻石，使得胜利勋章是苏联所有勋章中唯一一种不是由铸币厂制造，而是由莫斯科的珠宝作坊制造的勋章。

不过在战争年代，制作出这样真材实料的勋章是不可能的，所以工匠在部分勋章上使用了人造材料，但这丝毫不影响勋章的实际价值和历史价值。

ORDER OF THE RED BANNER

苏联／俄罗斯红旗勋章（苏联／俄罗斯）

■ 简要介绍

红旗勋章是苏／俄的第一个勋章，是根据全俄中央执行委员会 1918 年 9 月 16 日发布命令设立的，授予直接参加战斗而表现特别英勇的俄罗斯联邦公民。该勋章在苏联时期成为最普遍的勋章，几乎立过战功的个人和部队都获得过这种勋章。

■ 设计历程

1918 年，俄罗斯帝国开始设立第一种前所未有的军事奖励，授予直接参加战斗并且作战英勇的俄罗斯帝国人民。1922 年成立苏维埃社会主义共和国联盟后，苏联中央执行委员会主席团于 1924 年 8 月 1 日发布命令，设立全国统一的"红旗勋章"，将之前的 PCCP（俄罗斯苏维埃联邦社会主义共和国）改为 CCCP（苏联）。同时，考虑到各加盟共和国的勋章作为国内战争年代苏联军人英雄主义的见证的重大历史意义，决定不将其更换成为全苏勋章，而将给予全苏红旗勋章荣获者的权利和特权也给予各加盟共和国这些勋章的荣获者。

如果有人多次获得了红旗勋章，那么第二次获得的勋章底部会有一个方框，里面写着数字 2，第三次获得的勋章底部写着 3，以此类推。总共生产了 5813000 枚红旗勋章，约 15 人 7 次获得红旗勋章，超过 50 人 6 次获得勋章，近 350 人 5 次获得勋章。1944 年到 1958 年推行了新的颁发条例，为服役 20—30 年的军人颁发勋章。因此该勋章是比较普遍的勋章。

■ 外观组成

苏／俄红旗勋章是由内外两层组成：白色珐琅质为底色，上有金色铁锤与镰刀，再有两条金麦花穗围着红星，外层背景有交叉着的黑铁锤与黑镰刀、火把与红旗，旗上刻写："全世界无产者联合起来"，被两条更大金麦花穗围着；徽章底部写"CCCP"。此勋章附加的绶带中间为白色，左右两边为红色，由受勋者佩挂在左胸。

第一个获得红旗勋章的是苏联元帅
瓦西里·康斯坦丁诺维奇·布柳赫尔

1918—1924 年第一个版本的红旗勋章

授予该勋章最多的是苏联元帅克利
缅特·叶夫列莫维奇·伏罗希洛夫

另一个版本的红旗勋章

▲ 1935 年，苏联海军红旗勋章样式

知识链接 >>

红旗勋章不仅授予在战斗中表现出勇气和建立重大功勋的人员，也会授予工厂、城市、舰船等。很多红旗勋章的获得者在拿到它的第一时间，一定会将其浸泡在装满伏特加酒的杯子里，然后将里面的酒一饮而尽，所以它又有"放在酒杯里的勋章"之称。

苏联战胜德国奖章（苏联）

■ 简要介绍

战胜德国奖章全称为"1941—1945年伟大卫国战争战胜德国奖章"，是1945年5月9日由苏联最高苏维埃主席团为纪念苏联人民在伟大卫国战争中的伟大胜利而设立的。它是最为常见的苏联奖章之一，总共授予了约14933000人。

■ 奖章设立

1942年4月，二战东线战场上规模最大的莫斯科会战，以苏军获得胜利而告终。之后苏联红军全面反攻德军，到了1944年秋天，战争的结果已成定局，这时，根据苏联最高苏维埃主席团的命令，为卫国战争战胜德国奖章的设计工作就已经开始。

到了1945年5月9日，苏联最高苏维埃主席团正式颁布法令，伟大的卫国战争历时1418天，为了所有在这场血腥战争中战斗的士兵，设立了卫国战争战胜德国奖章。授予红军、海军舰队和内务人民委员会的苏联军人，他们参加了对德作战或者为前线战斗提供了保障工作。

第一批奖章于同年6月制成，首先被授予红军最高指挥官，包括洛克索夫斯基、托尔布欣、安东诺夫、普尔卡耶夫、别尔扎林、古谢夫和扎哈罗夫等。此后更加广泛，该奖章被授予直接参加战斗者或在苏联武装力量教导部队、后备部队、后勤部队、院校和各机关为自己的有效工作保障胜利的人员。

1945年6月9日，苏联还曾设立了"攻克布达佩斯"奖章、"攻克柯尼斯堡"奖章、"攻克维也纳"奖章、"解放贝尔格莱德"奖章、"解放华沙"奖章、"攻克柏林"奖章、"解放布拉格"奖章，授予直接参加英勇攻打并夺取（解放）上述城市或组织领导攻打（解放）上述城市战役的苏军军人和其他人员。

■ 奖章结构

战胜德国奖章正面描绘了斯大林的胸像，斯大林的目光朝向左方（代表德国的西方）。奖章上方沿边缘写着"我们的事业是正义的"，下方沿边缘写着"我们赢了"。奖章背面沿边缘写着"为了战胜德国"，中间写着"在1941—1945年的伟大卫国战争中"，奖章下方中间有一颗五角星。奖章的勋表采用了历史上的"乔治带"的图案，即沙皇俄国最高军功勋章"圣乔治勋章"的绶带式样。

УДОСТОВЕРЕНИЕ

ЗА УЧАСТИЕ В ВЕЛИКОЙ
ОТЕЧЕСТВЕННОЙ ВОЙНЕ

ПРЕЗИДИУМА ВЕРХОВНОГО
СОВЕТА СССР от 9 мая 1945 года
НАГРАЖДЕН МЕДАЛЬЮ

„ЗА ПОБЕДУ НАД ГЕРМАНИЕЙ
В ВЕЛИКОЙ ОТЕЧЕСТВЕННОЙ
ВОЙНЕ 1941—1945 гг.“

От имени ПРЕЗИДИУМА ВЕРХОВНОГО
СОВЕТА СССР МЕДАЛЬ ВРУЧЕНА

„   “   194   г.

(должность, военное звание и подпись лица,
М. П.

вручившего медаль)

▲ 苏联战胜德国奖章

MEDAL "FOR THE VICTORY OVER JAPAN"

苏联战胜日本奖章（苏联）

■ 简要介绍

战胜日本奖章是苏联在 1945 年 9 月 30 日第二次世界大战结束之际，由苏联最高苏维埃主席团颁令设立的一种军事奖章，以庆祝在伟大卫国战争中对日作战的胜利。

■ 设立过程

1945 年苏联取得对德作战的胜利之后，迅速在远东地区集结近百万红军，发动了旨在战胜日本军国主义的远东战役。在这场战役中，苏军消灭了侵占中国东北、朝鲜的部分日军，直到 8 月 15 日日本宣布无条件投降。该战役的圆满落幕标志着苏联军队圆满完成了在二战中的历史使命。

同年 9 月 30 日，苏联最高苏维埃主席团颁布法令，设立战胜日本奖章，授予直接参加反对日本帝国主义的战斗或参加保障这些战斗的军人和其他人员。根据这一法令，大约有 1830 万枚奖章被发给红军官兵和支援作战的地方人员。由于中国共产党领导下的东北抗联官兵后曾被编为苏联红军远东第 88 步兵旅，参加了反攻作战，因此中国抗联官兵也获得了苏联颁发的战胜日本奖章。

■ 奖章外观

战胜日本奖章采用五边形绶带，从外到内为黄、白、红、白、红，象征对日作战。主体为 32 毫米的铜制圆形奖章，两侧有凸起边缘。在其正面为身穿元帅礼服、佩戴元帅星证章及一级苏沃洛夫勋章的斯大林头像。在头像上方，围绕着俄文"战胜日本"。其背面的上方为一颗五角星，下方为分成三排的俄文"1945 年 9 月 3 日"字样。

知识链接 >>

有趣的是，战胜日本奖章与1945年5月9日苏联最高苏维埃主席团设立的战胜德国奖章样式很相像。只是改变了斯大林头像的方向：战胜日本奖章上的斯大林面向右方（地图上为朝着日本的方向），而战胜德国奖章上的斯大林面向左边（朝着德国的方向）。

▲ 苏联海军的太平洋舰队攻占了日军占领的旅顺口

ORDER OF LENIN

苏联列宁勋章（苏联）

■ 简要介绍

列宁勋章为苏联二战前的最高奖赏，是1930年4月6日苏联中央执行委员会主席团发布命令设立的。此勋章可授予在社会主义建设和国防中建立特殊功勋的个人、集体、机关、社会团体和部队。早年颇为珍贵，但后来军人服役满25年就可获得，总计颁发了46万枚。

■ 勋章设立

1930年4月6日，在列宁70周年诞辰纪念日（4月23日）前夕，苏联中央执行委员会主席团发布命令，决定设立"列宁勋章"。其实在历史上，俄罗斯就有以著名人物的名字命名勋章的先例，从这个角度上说，列宁勋章正是对俄罗斯传统的继承和发扬。

同年5月23日，列宁勋章设计定型，之后到1934年均用白银制造；1934年至1936年的为金质，其后改为白金。1934年4月16日决议，苏联英雄被授予苏联最高勋章列宁勋章，并发给苏联中央执行委员会（自1937年12月起改为苏联最高苏维埃主席团）特别奖状。后于1939年8月1日改为金星奖章。1943年6月19日，苏联修改了勋章佩戴条例，要求获得者在右胸佩戴单体勋章，而在左胸佩戴带有五边形勋挂的勋章。为此列宁勋章由圆盘式改为别挂式。

1973年5月14日，苏联最高苏维埃主席团又发布关于苏联英雄称号的新规定：在第二次和以后再被授予苏联英雄称号时，每次除金星奖章外还授予列宁勋章。

■ 勋章组成

列宁勋章是真金白银打造的苏联最高级别勋章。勋章的结构是一个金质圆形列宁肖像，外饰金质麦穗环，施加蓝灰色珐琅釉，顶端有一红色珐琅质红旗，旗上刻有列宁名字。勋章的左边是一颗红星，底部有锤子和镰刀标志。头像部分采用3颗铆钉和勋章主体连接。

知识链接 >>

苏联奖励分为英雄荣誉称号、勋章、奖章和其他荣誉称号及奖金等。而苏联最高级别的奖励是苏联英雄、社会主义劳动英雄及母亲英雄 3 个带英雄称谓的荣誉称号。获得苏联英雄称号者会授予特别证书、金星金质奖章和列宁勋章，可见苏联是没有金星勋章的，只有金星奖章，因此列宁勋章为苏联最高级别的勋章。

◀ 第一位列宁勋章获得者是苏联英雄飞行员瓦列里·奇卡洛夫

苏联金星奖章（苏联）

■ 简要介绍

金星奖章全称"苏联英雄金星奖章"，是苏联最高国家奖励"苏联英雄"称号的标志。作为苏联英雄，不管他获得过多少枚勋章、奖章，最为重视的必然是金星奖章，因为那足以证明其辉煌的人生。它是对苏联公民的最高奖赏，所以佩戴时位于勋章和其他奖章之上。

■ 奖章设立

1934 年 4 月 16 日，苏联中央执行委员会决定，为表彰对国家立下英雄壮举的个人和集体，对有关人员授予"苏联英雄"称号。这一称号在苏联的授予及嘉奖制度中，属于荣誉最高的一项。根据这一决议，苏联英雄被授予苏联的最高勋章——列宁勋章，同时被授予苏联中央执行委员会特别奖状。

从 1939 年 10 月 16 日起，根据苏联最高苏维埃主席团的命令，正式为苏联英雄换发金星奖章，具体规则是：第一次被授予苏联英雄称号时也授予列宁勋章，但第二次和以后再被授予苏联英雄称号时不再授予列宁勋章，但每次被授予金星奖章。

绝大多数"苏联英雄"都是在苏德战争中产生的。战争期间总共有 11635 人获得金星奖章。在军人中，列兵和军士占 35%，军官占 60%，将军 300 名，元帅 19 名。1943 年，苏联英雄第一次授予一个外国人，之后总共有 42 位外国人获得金星奖章，大多数是军人或宇航员。

1973 年 5 月 14 日，苏联最高苏维埃主席团又发布命令，颁布关于苏联英雄称号的新规定：在第二次和以后再被授予苏联英雄称号时，每次除金星奖章外还授予列宁勋章。

■ 奖章外观

金星奖章系用纯度为 90% 以上的黄金制造。五角星直径 30 毫米，背面镌刻"苏联英雄"字样。金星的衬托是纯度为 90% 以上的纯银托架，长方形，中间衬着红色绸布，象征着红旗；整个奖章重 34.264 克。每枚金星奖章都有编号，与苏联中央执行委员会或最高苏维埃颁发的证书序号相同。金星奖章和"镰刀和锤子"金质奖章（授予社会主义劳动英雄）是对苏联公民的最高奖赏，所以在佩戴时，以红色波纹绸缘绶带佩于左胸其他勋章和奖章的上方。

▶ 朱可夫元帅（中间）戴着三个苏联金星奖章，康斯坦丁·罗科索夫斯基（右）戴了两个

苏联苏沃洛夫勋章（苏联）

■ 简要介绍

苏沃洛夫勋章是 1942 年 7 月 29 日根据苏联最高苏维埃命令，以俄罗斯帝国时期伟大的统帅苏沃洛夫大元帅的名字命名设立的，授予在进攻中歼灭敌人优势兵力的军事首长和指挥员，以表彰他们组织进攻与追击的功劳。其中一级苏沃洛夫勋章是胜利勋章没设立前苏联的最高级军功勋章。

■ 设立过程

亚历山大·瓦西里耶维奇·苏沃洛夫是俄罗斯帝国时期伟大的军事家、军事理论家、战略家，因战功卓著，于 1799 年 10 月 28 日被沙皇授予俄国大元帅军衔。他是俄罗斯军事学术的奠基人之一，也是俄罗斯历史上的常胜将军之一，著有军事学名著《制胜的科学》，从此作为一位天才的统帅和军事思想家被载入世界史册。

苏沃洛夫的军事遗产对于苏联军事学术的形成起了很大的作用。1918—1920 年国内战争和武装干涉时期，列宁、斯维尔德洛夫和波德沃伊斯基审批的第一本红军战士服役手册就引用了苏沃洛夫《制胜的科学》一书的主要原则。年轻的红军战士在对武装干涉者和白卫军作战中都遵循了这些原则。到了卫国战争期间，苏联最高苏维埃主席团于 1942 年 7 月 29 日颁布命令，正式设置一、二、三级苏沃洛夫军功勋章，授予在进攻中歼灭敌人优势兵力的军事首长和指挥员，以表彰他们组织进攻与追击的功劳。

■ 材质结构

一级苏沃洛夫勋章的材质主要是黄金和白金，章体表面镶嵌有 1 颗红宝石五角星；二级改为金银制作；三级由 925 白银制成。勋章中心圆环内为苏沃洛夫元帅的半身像，圆环到五星边缘布满象征光芒的辐射线状纹饰。

知识链接 >>

一级苏沃洛夫勋章的第一名荣获者是苏联元帅朱可夫（1943年1月28日）；二级苏沃洛夫勋章的第一名荣获者是坦克军军长巴丹诺夫坦克兵中将（1942年12月26日）。在整个战争期间，苏联共颁发一级苏沃洛夫勋章391枚，二级2863枚，三级4012枚。

◀ 亚历山大·瓦西里耶维奇·苏沃洛夫

苏联保卫奖章 （苏联）

保卫斯大林格勒奖章

保卫塞瓦斯托波尔奖章

保卫敖德萨奖章

■ 简要介绍

在二战时期，苏联还设立了几种保卫奖章，它们都是授予那些参与卫战的苏联红军、红海军、内务部队和平民。其中最为著名的有 1941 年 12 月 22 日的保卫塞瓦斯托波尔奖章和 1942 年 12 月 22 日的保卫敖德萨奖章，尤其后者由于仅颁发了 3 万多枚，是数量极为稀少的。

■ 奖章设立

从 1941 年 11 月 5 日到 1942 年 7 月 4 日，苏联军民一共守卫了塞瓦斯托波尔 250 天。尽管面对德国的优势兵力，苏联军民仍然坚守到弹尽粮绝。塞瓦斯托波尔陷落之后，一些苏联军人还隐藏在山区继续对德军进行游击作战。

敖德萨保卫战也是第二次世界大战中苏德战争初期苏联军队实行的一次防御战役。1941 年 8 月 8 日至 10 月 16 日，苏军独立滨海集团军和黑海舰队一部为掩护南方方面军向东撤退，在失去陆上支援的条件下，依靠诸军种协同一致作战和市民的支持，抗击了德国南方集团军群所辖罗马尼亚第 4 集团军的持续进攻。这次保卫战历时 70 余天，长时间牵制了德军。

为了表彰在这两次战役期间苏联军民所表现出的英勇无畏精神，1941 年 12 月 22 日和 1942 年 12 月 22 日，苏联最高苏维埃决定，向参加保卫战的全体人员授予奖章一枚。其中保卫塞瓦斯托波尔奖章共颁发 52540 枚，保卫敖德萨奖章则仅有 3 万枚左右，这在一系列"保卫""解放""攻克"奖章中，是数量最为稀少的。

■ 保卫敖德萨奖章

保卫敖德萨奖章为铜质或不锈钢质，奖章正面为一名士兵和一名水兵并肩而立，手中拿着步枪，好像正要奔赴战场。背景为大海和海上的灯塔。两名士兵头上方有俄文"苏联"的缩写。奖章下面正中有一颗五角星，五角星的下面有一条丝带，丝带的两端延伸出两个橡树枝。奖章上方有半圆的弧形，上面写着"为了保卫敖德萨"俄文，字的两边各有一颗五角星。奖章背面上方有着交叉的镰刀和锤子标志，下面写着"为了我们的祖国苏联"俄文。

保卫列宁格勒奖章

保卫基辅奖章

保卫莫斯科奖章

保卫高加索奖章

保卫苏联北极地区奖章

▲ 为士兵颁发奖章

保卫塞瓦斯托波尔奖章，直径32毫米。正面有一个小圆形，里面是苏联红军和红海军士兵的头像，头像正面朝左。奖章外围是"保卫塞瓦斯托波尔"的俄文。由于塞瓦斯托波尔是一个海军基地，因此奖章正面底部还设计了一个海军军锚，军锚上还有两门加农炮的炮尾。加农炮穿过中间的圆形，在外围探出炮口，正上方有一颗五角星。奖章背面是镰刀锤子标志和"为了祖国"俄文。

IRON CROSS

德军铁十字勋章（德国）

■ 简要介绍

德军的铁十字勋章创立于 1813 年，在普法战争、一战时都有颁发。二战爆发后，德军立即宣布恢复，开始只有 4 个级别，由低到高是二级铁十字、一级铁十字、骑士铁十字和大铁十字；后来，还在上面加了橡叶、钻石等装饰。

■ 设立过程

德军早在 1913 年时，为表彰将士军功，就创立了铁十字勋章，在普法战争和第一次世界大战中，有很多德军将官和士兵曾获得过这种勋章。

铁十字勋章的颁授标准严苛公正，比如空军要获得骑士勋章，就必须在白天最少击落 20 架单发敌机，而各国通行标准击落 5 架就是空战王牌了，到了战争后期获得勋章标准更高了。

由于大铁十字主要授予高级统帅，并且实际上仅授予了戈林一人，所以骑士勋章（规定佩戴在领口）就是二战德军的最高勋章了，而且无论官职大小，都有资格获得，这大大提升了基层士兵的战斗热情，德军二战单兵的高素质与此有一定关系。随着战争深入，德军立功人员越来越多，需要推出更高级别的勋章来满足需要，于是在骑士勋章之上陆续设立了 4 个更高级别的勋章，由低至高依次添加橡叶饰、橡叶双剑饰、橡叶双剑加钻石饰、钻石金橡叶金双剑饰（即橡叶和双剑改由纯金打造）。

■ 荣誉获得

橡叶饰铁十字勋章有 890 人获得，第一个获得者是传奇的奥地利人、山地师将军迪特尔，他因率军坚守纳尔维克而获此殊荣；橡叶双剑饰授予了 160 人，著名的装甲王牌魏特曼就获此勋章；橡叶双剑钻石饰勋章颁发给 27 人，如大名鼎鼎的隆美尔元帅、成功指挥意大利防御战的凯瑟琳元帅；而钻石金橡叶金双剑饰勋章则只有空军上校鲁德尔一人获得过这种最高荣誉，他共击毁 519 辆坦克、70 艘以上舰艇、100 毫米以上大炮 150 门、800 辆车辆、

知识链接 >>

在二战期间，共有 7300 多人获
得骑士勋章，乍一看好像很多，但和德
军近千万的总数比起来，就不是很多了。以至
于许多勋章获得者一般只佩戴从官方获得的
副本，原品都被保存起来，以避免在战场
上损坏，可见勋章的强大魅力。

▲ 第二次世界大战的铁十字勋章，附证书

WOUND BADGE

德军战伤勋章（德国）

■ 简要介绍

    德军战伤勋章自一战时就开始授予在作战中负伤的官兵，它分黑（铜）、银、金3个等级，以受伤次数或伤情而定；其中金质表示5次以上负伤或1次重伤。1943年起，此荣誉章开始发给空袭中受伤的平民，战争末期则发给所有军人及警察。

■ 设计过程

    早在一战时期，德军就曾为在作战中负伤的官兵颁发过战伤勋章。1939年9月1日，德军重新启用该勋章。

    原本此勋章的颁发对象为军方或公务人员中曾因公务或作战而致伤残者；1943年起，也有平民获颁此勋章。黑色战伤勋章的颁发对象为上述人员中有因公致伤一至两次者；若后续再受伤两次，或因公受伤致截肢或失明者，获颁银质战伤勋章；若受伤五次或以上，和因公殉职或致重度伤残者，获颁金质战伤勋章。获勋证明书亦同勋章一齐颁授。

第一次世界大战颁发的战伤勋章

战伤勋章的三个等级

黑色	一个或两个伤口
银色	三个或四个伤口
金色	五个或更多伤口、致重度伤残或因公殉职

■ 勋章标识

    二战时德军战伤勋章的设计图饰是一顶嵌有偌大"卐"字徽的铜盔，基本上与第一次世界大战颁发的战伤勋章一模一样，只是章内的铜盔造型从代表第一次世界大战的M16铜盔改成第二次世界大战的M35铜盔，盔底衬有交叉双剑，再框以橡树叶圈。该章佩戴在左胸带下方，而且必须在其他勋章的左边位置。

第二次世界大战颁发的战伤勋章

▲ 1944 年的"7 月 20 日战伤奖章"

知识链接 >>

　　除上述战伤勋章之外，还有一种特殊的战伤章，被称为 1944 年 7 月 20 日战伤奖章（如左图），是希特勒为了 1944 年 7 月 20 日发生的暗杀事件所特别制造的勋章，但它不属于战斗章。

EASTERN FRONT MEDAL

德军东线作战勋章（德国）

■ 简要介绍

德军东部战线作战勋章又叫"俄罗斯前线奖章"，简称"东线作战章"或"东部章"，是希特勒于 1942 年 5 月 26 日下令设置，其主要颁发给 1941—1942 年冬季在东部战线上参与对俄国战役的人员。

■ 勋章设计

1942 年，正是第二次世界大战德军东线战场战斗最激烈的时期，德国政府下令为 1941 年至 1942 年冬季在东部战线上参与对俄国战役的人员，设置专门的"东部战线作战勋章"。

东部战线作战勋章颁受的人员，有严格的作战地理位置限制，特指乌克兰以东之地，或是 1940 年苏联与芬兰边界处的作战区。除此之外还有条件限制，东部战线作战勋章的授勋人员必须符合下列要求之一，始得获勋。这些人包括曾参与武装攻击战役最少两周者；或在敌空域执行任务，总时数超过 30 天的飞行人员；或因公伤残、冻伤截肢已获颁伤残勋章者；或在前线连续执勤务 60 天。

在德国的封建王朝时期，军官的勋章一般由国王亲自授予，而士兵勋章的授予则由司令官完成。但东线作战勋章是一个比较例外的例子，它是"以元首的名义"颁发，同时规定，该章要佩戴在军服的第二个纽扣上，这本身也意味着东线作战勋章具有较高级别。

■ 勋章样式

东线作战勋章为铜质，因此时间长了会发黑。直径 36 毫米，上面图案为一头双翼展开的鹰徽，下面为"卐"字图案。该勋章不会饰挂于军服上，仅以一缎带斜缝过军服的第二颗纽扣扣眼来替代。颁赠时该勋章是包在米色的小牛皮纸袋中，随章附有两边红、中间夹白黑细线的三色缎带。

知识链接 >>

后来很多继续留在东部战线作战的德国老兵们，给这枚"东部战线作战勋章"取了一个诨名——"冻肉勋章"，这称呼道尽了对苏作战中天气的恶劣。

▲ 德军东线作战勋章正背面

GENERAL ASSAULT BADGE

德军突击勋章（德国）

■ 简要介绍

德军突击勋章是 1937 年至 1943 年为突击作战的官兵们专门颁发的战功名誉章，依据军种的不同，大体包括伞兵徽章、突击步兵作战徽章、坦克突击徽章、一般突击作战徽章以及陆军防空兵作战徽章等。

■ 功章设立

1937 年 6 月 17 日，德军开始为空军中的伞兵颁发伞兵徽章，授予对象是第一年完成了规定训练课程和进行过 5 次合格的跳伞的军人，第二年至少要跳伞 6 次，才可以继续佩戴该勋章。1939 年当伞兵被交由空军训练时，该勋章被停止颁发。

1939 年 12 月 20 日，德军开始设立突击步兵铜质徽章，授予对象为参加了 3 次以上步兵突击作战或者参加了 3 次以上侦察行动，或者在从敌人手中夺回的战斗阵地上连续战斗 3 天以上的，或者与敌人进行过白刃战的官兵；1940 年还专门为摩托化步兵设立了银质勋章。同时设立了坦克突击徽章，授予参加 3 次装甲突击作战或在一次装甲突击作战中负伤的军人；已经在一次装甲突击作战中获得过荣誉的，后又由铜质增加了银质，并且还有 25 次、50 次、75 次、100 次坦克突击奖章。

一般突击作战徽章设立于 1940 年 1 月 1 日，授予对象为参加了 3 次以上步兵或装甲兵突击作战或迂回作战；在执行上级下达的作战任务时负伤或曾获得一枚其他勋章；以及不够资格获得突击步兵作战徽章的人（该勋章是为非步兵设立的）。

陆军防空兵作战徽章于 1941 年 7 月 13 日设立，授予对象的条件是：在执行防空作战时英勇履行其职责，在执行防空作战时英勇负伤的军人。

■ 勋章标志

突击作战勋章的主要图案都是外面一圈橡树花环，最顶端是鹰徽和"卐"字；下面图案分别是飞雕、步兵的长枪、坦克、匕首和防空火炮；另外还有圆环或方格标明突击次数，25 次勋章和 50 次勋章中央的图案经过特殊的化学药品处理，呈现出暗黑色，75 次和 100 次的则是镀了银的。

伞兵徽章

突击步兵作战徽章

一般突击作战徽章

坦克突击徽章

▲ 陆军防空兵作战徽章

知识链接 >>

从 1943 年 6 月 6 日起，一般突击作战徽章被分为 4 个等级，这 4 个等级的标准分别是参加了 25 次、50 次、75 次和 100 次突击。

另外，当防空作战部队的某指挥官手下士兵中有一半人获得防空兵作战勋章时，他也可以获得该勋章。

ARMY GOLD MEDAL

英国陆军金质勋章（英国）

■ 简要介绍

陆军金质勋章是英国于 19 世纪初设立的战役勋章，又名半岛金质勋章，一般与陆军金十字勋章同时颁发，授予在半岛之战中有功勋的将官和野战指挥官。陆军金质勋章并非通用勋章，只授予营长以上军官，可在死后追授给亲属。

■ 勋章设立

1794 年，英国皇家海军设立了金质战役勋章。之后，英国陆军从 1806 年开始授予迈达之战中表现英勇的少校以上军官"特别金质勋章"。该勋章直径 38 毫米，图案为乔治三世侧面像，背面图案为布里坦尼亚像。1810 年，英国陆军正式设立了陆军金质勋章，授予从 1808 年开始参加拿破仑战争的英军少校以上军官，也分为两种尺寸，大尺寸授予高级军官。

陆军金质勋章设立之初，每次战役行动都可颁发一枚勋章。1813 年 10 月，为防止一名获得者多次获奖，英国陆军下令只能佩戴一枚勋章，用绶带扣环代表不同的战役行动。第四次获得可授予金十字勋章，替代之前的勋章和扣环，每次战役的名称都刻在十字上。以后再获得金质勋章，再在绶带上加缀扣环。

BRITISH MEDALS. (SERIES 2)
& DECORATIONS, Nº 11.

MAI DA

Maida. 1806. (Reverse.)

迈达战役勋章，反面

■ 勋章描述

大尺寸金质勋章直径 54 毫米，装裱金色边框和双面玻璃。正面图案为布里坦尼亚和盾牌，人物面向左端坐，右手持月桂冠，左手持棕榈枝。身后可以看到一个狮子的头部。背面有月桂花环围绕，中间镌刻获得者姓名，为颈部佩戴勋章。小尺寸勋章直径 33 毫米，样式与大尺寸勋章相同，佩戴于左胸的纽扣孔。勋章绶带宽 44 毫米，深红色，两侧有深蓝色镶边。

威灵顿公爵戴着黄金交叉三扣金质勋章

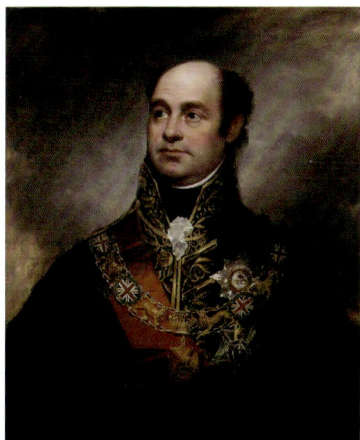

戴金质勋章的子爵贝雷斯福德

知识链接 >>

英军历史上共授予了88枚大尺寸金质勋章、43个扣环，596枚小尺寸勋章和237个扣环，金十字勋章共授予163枚和241个扣环。威灵顿公爵在13次战役行动中获得过1枚金十字勋章和9个扣环，为英军之最。

▲ 英国陆军金质勋章

英国不列颠帝国勋章（英国）

■ 简要介绍

不列颠帝国勋章又称大英帝国勋章，是英国授勋及嘉奖制度中的一种骑士勋章，由英王乔治五世于1917年6月4日创立。该勋章共设5种级别，分别为爵级大十字勋章、爵级司令勋章、司令勋章、官佐勋章和员佐勋章。

■ 勋章设立

在乔治五世执政时，最初设立勋章是为了填补当时英国授勋及嘉奖制度的缺漏。比如巴斯勋章只授予高级军官和公职人员；圣米迦勒及圣乔治勋章只授予外交官；而维多利亚皇家勋章亦只授予服侍英国皇室的人士。另外，对于一些曾参与第一次世界大战但又没有上战场的人士，乔治五世希望可以对他们加以表扬，可是却一时没有合适的勋章，于是，他于1917年6月4日决定，设立不列颠帝国勋章。

这款勋章原本只归作一类，但从1918年起，分为军事和民事两个类别。由此比起巴斯勋章和圣米迦勒及圣乔治勋章，取得不列颠帝国勋章的人士，并非单单只有官宦、功臣，相反，获勋人士来自的阶层十分之广，因此也更具有大众化的性质。

▲ 爵级大十字勋章

■ 勋章结构

不列颠帝国勋章1937年以前为星章；之后正中为一圆形，正面圆环之外有格言，环内则绘有乔治五世与玛丽皇后之像。背面正中写有"GRI"3个英文字母，上方刻有一皇冠。此外，圆环以外，其上下左右四方都有一块末端呈开三叉状的叶，使勋章成十字形，正上方顶上更置有一枚皇冠。爵级大十字勋章、爵级司令勋章与司令勋章的叶皆为淡蓝色，而正面的圆环为绯红色；官佐勋章为全金色，而员佐勋章为全银色。

知识链接 >>

在不列颠帝国勋章设立之初，乔治五世曾一并设立了"不列颠帝国勋位奖章"。到1922年，该奖章更名为不列颠帝国奖章，虽然获授此奖章的人士并非不列颠帝国勋章的成员，但他们仍然会按民事和军事分类。不列颠帝国奖章一般授予低级别的政府官员或军官，至于高级别的政府官员则通常直接获授不列颠帝国勋章。

▲ 员佐勋章之正、背两面

法国荣誉军团勋章 （法国）

■ 简要介绍

法国荣誉军团勋章是法国政府颁授的最高荣誉骑士团勋章,于 1802 年由时任第一执政拿破仑设立,是历史比较悠久的,世界上最为著名的勋章之一。除战时颁发给军人外,该勋章也被视为法兰西军事和平民荣誉的象征。

■ 设立过程

1789 年,法国大革命彻底颠覆了波旁王朝的统治,波旁王朝原来设立的圣米歇尔勋章、圣灵勋章、圣路易斯勋章等各种荣誉勋章都被第一共和国政府宣布废除。此后一段时间,对建立功绩之人的表彰物就变成了金钱或是象征性的荣誉武器。然而,事实表明这种奖励方式效果不佳,法国迫切需要设立真正的荣誉勋章。

1802 年 5 月 4 日,法兰西第一执政拿破仑·波拿巴决定建立荣誉军团,决定不论种族和性别,不论是否为军人,也不论宗教信奉,只要忠于自由和平等的信条,并在军事或其他方面为法国建立了卓越功勋的人,都可以成为荣誉军团的成员。5 月 19 日,荣誉军团正式成立后,由拿破仑亲自担任最高领袖。到 1804 年,拿破仑建立了法兰西第一帝国并自任皇帝,7 月 11 日,他为荣誉军团设立了属于自己的特定标志——荣誉军团勋章。

1805 年 1 月 30 日,法国又为荣誉军团增设了最高一级的大鹰勋章(也称大星勋章);1814 年 7 月 19 日改称为大绶章,后又于 1816 年 3 月 26 日改称大十字勋章。至此,荣誉军团勋章总计包括 5 个级别,分别对应荣誉军团成员的 5 种荣誉官阶,从低至高分别是骑士、军官、司令官、高级军官和大十字骑士。

最初的勋章（1804 年）

■ 勋章样式

荣誉军团勋章从设立后,多年来其样式曾发生过多次变化。1962 型勋章是当今较为多见的类型,除骑士级为银质勋章外,其余级均为镀金勋章。勋章主体上方为绿色珐琅橡叶花环,中部为玛丽安妮金质肖像,外围的铭文为"法兰西共和国"字样;背面正中为两面交错的法国国旗,外围上方和下方各有铭文。

而后的勋章：正面是拿破仑的肖像，背面是白肩雕。皇冠之下映衬着十字和彩带

路易十八时代（1814年）的骑士勋章：正面是亨利四世的肖像，背面是象征法兰西王国的百合花饰。皇冠之下映衬着十字和彩带

▲ 佩戴荣誉军团勋章的路易·费尔贝上将画像，他于1880—1889年间担任荣誉军团首席总监

知识链接 >>

从法国大革命开始，荣誉军团勋章见证了法国历史上最跌宕起伏的整整两个世纪。这个诞生自法兰西杰出英雄拿破仑手中的荣誉组织，如今已成为法兰西最高荣誉的标志。这个组织中的成员，几乎无一例外地都曾为法兰西立下功绩，他们中不乏出色的军事家和勇敢的士兵，而且也包括杰出的科学家、睿智的企业家。另外除法国人外，外国人只要符合条件，也有许多人获得了这种殊荣。

图书在版编目（CIP）数据

军服军衔军功章 / 吉木斯编著 . — 沈阳 : 辽宁美
术出版社 , 2022.3
（军迷·武器爱好者丛书）
ISBN 978-7-5314-9133-0

Ⅰ . ①军… Ⅱ . ①吉… Ⅲ . ①军衔—世界—通俗读物
②军服—世界—通俗读物 Ⅳ . ① E12-49

中国版本图书馆 CIP 数据核字 (2021) 第 256730 号

出 版 者：辽宁美术出版社
地　　址：沈阳市和平区民族北街29号　邮编：110001
发 行 者：辽宁美术出版社
印 刷 者：汇昌印刷（天津）有限公司
开　　本：889mm×1194mm　1/16
印　　张：14
字　　数：220千字
出版时间：2022年3月第1版
印刷时间：2022年3月第1次印刷
责任编辑：张　畅
版式设计：吕　辉
责任校对：叶海霜
书　　号：ISBN 978-7-5314-9133-0
定　　价：99.00元

邮购部电话：024-83833008
E-mail：53490914@qq.com
http：//www.lnmscbs.cn
图书如有印装质量问题请与出版部联系调换
出版部电话：024-23835227